Üppig blüht das rote Rosenbeet,

wenn man gleich im Frühling Ringelblumen und Klatschmohn zwischen die frisch gepflanzten Rosen sät. Die Samen kann man im April direkt ins Beet streuen und bedeckt sie mit Erde. Abgesehen von der Blütenfülle, die man mit dieser Kombination gleich im ersten Sommer erreicht, tut den biederen Beetrosen diese peppige Begleitung von einjährigen Sommerblumen und ihren lockeren Farbenspielen erfrischend gut.

trukturen für chnelle Erfolge

t Hecken und Wegen, Gehölzen, nkhilfen und Sichtschutzwänden wird Fläche des Gartens aufgeteilt. So nn man sich einen überschaubaren itplan machen, und die frisch angeten Beete erhalten eine Kulisse. Im sten Jahr kommen einjährige Sommermen groß raus. Sie entwickeln sich in nigen Wochen zu dekorativen Blütenlken. Zwischen Stauden und Rosen len Sie Lücken in den ersten Jahren, die Pflanzen eingewachsen sind.

Na, das blüht ja schon!

Gleich im ersten Frühling können Zwiebelblumen mit vielen Blüten aufwarten. Die kleinblumigen Narzissen sind ein prächtiger gelber Farbfleck, denn jeder Blütenstiel kann gleich mehrere Knospen präsentieren. Normalerweise werden die Zwiebeln in einem kleinen Tuff im Herbst gelegt, damit es gleich schön dicht wird im Beet. Aber man kann auch im Frühling ein paar vorgetriebene Zwiebelblumen in Töpfen kaufen und diese direkt ins frisch angelegte Blumenbeet pflanzen.

Rindenmulch

macht aus jedem Trampelpfad einen schönen Gartenweg. Wenn der Weg nicht allzu häufig benutzt wird, kann man sogar auf den Unterbau verzichten. Ausgetretene Stellen werden einfach ausgebessert, indem man grobe Rinde wieder frisch auffüllt. Besonders toll sieht der braune Wegbelag im Schatten aus, wenn sich hübscher Blattschmuck, wie beispielsweise das weiß getupfte Laub des Lungenkrautes (rechts), dekorativ an den Rand stellt und den Übergang zum Beet oder zur Baumscheibe verdeckt.

DOROTHÉE WAECHTER

Schöne Gärten für Ungeduldige

DOROTHÉE WAECHTER

Schöne Gärten für Ungeduldige

Clevere Lösungen für alle Gartenbereiche

blv

Inhalt

Ideen

und Möglichkeiten

Einleitung 8

Lösungen

für alle Bereiche im Detail

Gartengrenze 18
Grundstrukturen 26
Rasen 32
Blumenbeete 38
Terrasse & Balkon 64
Vorgarten 76
Gartenteich 82
Nutzgarten 86

Tipps & Tricks

praktisch & pfiffig

Wohnlichkeit 92
Farbe 98
Stilmittel 102
Tapetenwechsel 108

Praxis

der schnelle Weg zum Erfolg

Guter Start 116
Anzucht 118
Vorbereitung 120
Einpflanzen 122
Pflegen 126
Schneiden 130
Tricks 132
Winterschutz 136

Anhang

Bezugsquellen und Adressen 138
Stichwortverzeichnis 140

Ideen

und Möglichkeiten

Wer wünscht ihn sich nicht,
einen Garten, der fix blüht und eingewachsen ist?

Einleitung

Den Garten genießen? Ja, bitte aber schnell!

Wow! Mit einjährigen Pflanzen können Sie gleich im ersten Jahr Blumen für die Vase schneiden.

Der Neubau hat viel Zeit gekostet, aber jetzt ist er fertig. Sie können einziehen. Nur noch die Kisten auspacken, und das Einleben kann beginnen. Das wäre geschafft! Aber halt, wie sieht denn der Garten noch aus? Eine einzige Wüstenei! Die Nachbarn nehmen rege am Familienleben teil. Und so richtig gemütlich ist es auf der Terrasse auch nicht. Tisch und Stühle allein reichen nicht aus. Klar, dass Sie jetzt unruhig werden. Es war alles so schön geplant, nach dem Ärger mit dem Grundstück oder der langen Wohnungssuche. Doch es führt kein Weg daran vorbei. Jetzt muss man die Ärmel nochmal hochkrempeln. Denn eines ist sonnenklar: Spätestens im Sommer oder im nächsten Frühling wollen Sie auch den Garten endlich genießen können. Vielleicht schaffen Sie einen kleinen Etappenerfolg schon bis zur Einweihungsfete.

Keine Sorge, das sind keine kühnen Träume! Solche Expresslösungen liegen durchaus im »grünen Bereich«. In diesem Buch finden Sie jede Menge Tricks und Anregungen, damit alles rasch geht.

Unzufriedenheit schleicht sich aber auch gerne ein, wenn Routine und Alltag überhand nehmen. Sie haben es satt, immer nur den riesigen Rasen zu mähen. Jetzt wäre es eigentlich mal an der Zeit, ein tolles Blumenbeet anzulegen. Oder einen Teich? Ganz gleich, ob Sie mit ein paar Hinguckern ein bisschen frischen Wind auf die Terrasse bringen wollen oder mal einen richtigen Tapetenwechsel brauchen – bleiben Sie dran und blättern Sie weiter: Es warten 144 Seiten mit pfiffigen Tipps und tollen Ideen zum Nachmachen auf Sie!

Geduld gehört zu den großen Tugenden. Aber in unserer schnelllebigen Zeit relativiert sich vieles. Erst recht, wenn man einen dicken, selbst geernteten Blumenstrauß aus dem Beet, das erst im Frühjahr angelegt wurde, entgegenhalten kann. Oder so viele Tomaten auf dem Balkon erntet, dass man Freunde zum Salat einladen kann. Der Wunsch nach schnellen Lösungen liegt auf der Hand. Schließlich muss man nicht auf alles über Jahre hinweg warten und sich abrackern. Wir zeigen Ihnen, wie's geht, damit Sie es schnell schaffen, sich in Ihrem Garten, auf Ihrer Terrasse oder Ihrem Balkon wohl zu fühlen.

Dahlien und Zinnien schmücken sich innerhalb weniger Wochen mit peppigen Blüten und lassen den Garten farbenfroh aufleben.

Turboschneller Kletterer für kahle Rankgerüste: der Schlingknöterich.

Die Natur hält Instantlösungen bereit

Das A und O im Garten sind die Pflanzen. Es soll schnell grün werden und am besten noch überall blühen. Mit diesen Wünschen stehen Sie nicht alleine da. Und es gibt sogar viele Möglichkeiten, sie zu erfüllen. Ein Beispiel sind Kletterpflanzen wie der Schlingknöterich. Der wächst wie der Teufel. Pflanzt man ihn vor eine Sichtschutzwand, ist von den Holzlamellen nach wenigen Wochen nichts mehr zu sehen. Oder Blumenzwiebeln. Man legt sie in die Erde und gießt – schwuppdiwupp erscheinen die Blüten. Manchmal sogar noch vor den Blättern. Da muss man maximal einen Winter warten, bei Dahlien reichen wenige Wochen. Oder Sie säen Sommerblumen wie die Duftwicken aus. Ruck, zuck klettern ihre Triebe emsig in die Höhe. An warmen Tagen kann man beim Wachsen zugucken. Das sind Instantlösungen, die keine Ungeduld aufkommen lassen.

Und der Gärtner hat den Ruf des ungeduldigen Gartenbesitzers gehört. Im Angebot hat er nicht nur winzige Bäumchen, sondern auch jede Menge stattlicher Exemplare, die von Anfang an ihre Funktion als Raumbildner übernehmen. Große Heckenpflanzen, die schon ein paar Jahre in der Baumschule gewachsen sind, frieden den Garten ein, sobald der Ballen in der Erde ist. Gärtnern für Ungeduldige hat Schule gemacht. Rollrasen wird wie Teppichboden im Garten verlegt. Wer morgens anfängt, hat abends bereits einen grünen Rasen. Große Staudenhorste, vorgetriebene Zwiebelblumen und blühende Rosen im Großcontainer machen es möglich, dass man lange Wartezeiten einspart. Aber alles hat seinen Preis. Ganz gleich ob Bäume, Blumen oder Rasen – man muss schon deutlich mehr bezahlen für diesen Zeit-Vorsprung.

Mit den richtigen Pflanzen kommt gleich Stimmung auf: Scharlachlobelien und Wunderbaum sorgen schnell für Farbe.

Ein bisschen zupacken müssen Sie schon

Doch ein Traum?

Diese Tatsache relativiert die Instantlösungen. Aber seien Sie doch mal ehrlich! Sind die Fertiggerichte nicht auch teurer als die selbst gekochten Gerichte? Murren Sie da? Nein, wenn´s schnell gehen soll, dann nimmt man sie. Aber es muss ja nicht immer schnell gehen. Und genau dieses Prinzip beherzigen Sie im Garten. Ist erstmal das Blumenbeet an der Terrasse angelegt, dann kann man sich doch bei den Rabatten weiter hinten etwas Zeit lassen. Man muss Prioritäten setzen. Schnelle Etappensiege vertreiben zuverlässig die Ungeduld.

Toll! Im Gemüsegarten gibt´s von Anfang an etwas Leckeres zu ernten.

Rasche Lösungen sind nicht immer bequem. Manchmal muss man sogar ein bisschen mehr tun, damit es schnell geht. Wollen Sie Ihrem Garten und seinen Pflanzen Höchstleistung abgewinnen, dann müssen Sie sich kümmern. Schon bei den Vorbereitungen geht es los. Wer hier schludert, muss sich nicht wundern, wenn es mit dem Wachsen nicht ganz so gut klappt. Nur unter optimalen Bedingungen ist optimale Entfaltung möglich. Und auch während der Saison heißt es, Stress und Probleme von den Pflanzen fernzuhalten. Hunger und Durst dürfen nicht aufkommen, sonst wird die Entwicklung unterbrochen. Aber es kommt natürlich auf die Dosierung an. So wie der Mensch mit einem vollen Bauch nicht fit ist, schadet zuviel Dünger den Pflanzen.
Gewiss möchten die Pflanzen auch angefeuert werden, das ist ganz klar. Nur es fällt manchmal nicht ganz leicht, weil man vielleicht nicht weiß, was motivierend wirkt. Die Tricks und Kniffe, die der Gärtner kennt, bekommen Sie nicht vorenthalten. Dieses Buch zeigt Ihnen, wie es geht, damit Sie das Grillfest schon im Grünen feiern können.

Vorsicht ist bei manchem fixen Naturtalent geboten. Irgendwann kommt nämlich das böse Erwachen. Im ersten Jahr heißt es noch »Oh, wie toll, die sind ja schon ganz groß!!«, im zweiten »Oh, das ist ja jetzt schon richtig dicht geworden!« und im dritten »Puh, da müssen wir wohl mal kräftig schneiden.« Eine Bremse gibt es nicht. Die wenigsten Pflanzen, wie beispielsweise der Eschen-Ahorn, legen erst ordentlich los und drosseln dann ihr Wachstum. Natürlich kann man solche Sprinter einsetzen,

So wird das Gärtnern nicht zur Geduldsprobe...

aber man sollte sich über ihre Wirkung im Klaren sein. An einer Sichtschutzwand am Gartenende ist gegen den ungestümen Wuchs nichts einzuwenden, wenn genügend Platz ist. Aber als Girlande für die Eingangstür eignet sich eine solche Pflanze eben nicht.

Organisation heißt das große Zauberwort des fixen Gärtners. Überlegen Sie gut, mit welcher Arbeit sie anfangen. Lassen Sie sich nicht treiben, sondern strukturieren Sie den Garten, damit keine Arbeit doppelt gemacht werden muss oder frisch angelegte Bereiche dadurch in Mitleidenschaft gezogen werden. Teilen Sie den Garten auf und schaffen Sie damit die Basis für die Gesamtanlage und den zügigen Erfolg. Und garantiert macht sich ganz schnell Zufriedenheit breit, wenn Sie schon ahnen können, wo was entsteht. Denn die größte Ungeduld wird immer abverlangt, wenn Stillstand eine Situation beherrscht. Gleichzeitig können Sie den zeitlichen Ablauf viel besser planen.

Das sieht aber gemütlich aus! Und das, obwohl der Garten erst vor Kurzem angelegt wurde.

Tolle Blickfänge bestehen nicht nur aus Pflanzen. Lauschige Eckchen entstehen durch Sichtschutzwände. Wärmende Decken und schummriges Kerzenlicht sorgen für Gemütlichkeit. Möbel und Accessoires bringen Farbe und Stil ins Spiel. Die Sofortwirkung ist garantiert. Gleichzeitig kann man ganz gezielt dafür sorgen, dass anfangs noch spärliche Blüten besser zur Geltung kommen. Mit einem blauen Stuhl leuchten gelbe Blüten viel stärker, und die bunten Paradiesvögel aus Holz unterstützen die orangefarbene Kapuzinerkresse in ihrer Wirkung. Man muss eben nur wissen, wie man die Mittel geschickt einsetzt. Wir verraten Ihnen tolle Tricks, damit Ihr Garten begeistert.

Lassen Sie sich auf wachsende Instantlösungen und Expressgestaltungen ein, wird Ungeduld auch in Zukunft kein Thema mehr sein. Schließlich wissen Sie, dass man mit wenigen Mitteln tolle Effekte erzielen kann. Vielleicht sehnen Sie sich manches Mal nach dem frischen Wind der Veränderung. Dieses Buch hilft Ihnen, damit Sie sich nicht scheuen, etwas Neues auszuprobieren. Mit Hinguckern und modischen

...und man wagt den schnellen Tapetenwechsel

Farben wird das Leben im Garten bunter und vielfältiger. Natürlich auch auf Balkon und Terrasse. Denn auch hier will jeder, ganz gleich ob Single, Paar oder Familie, schnell eine lauschige Oase haben, die viele Blüten trägt und Flair hat.

Summer in the city... .
Fixe Blütenpracht lässt sich leicht auf Terrassen und Balkone zaubern.

Ungeduld – das sei zu Ihrer Beruhigung gesagt – ist übrigens kein Makel, sondern sehr menschlich. Im modernen Alltag hat das Tempo grundsätzlich zugenommen. Lassen Sie sich durch beschwichtigende Sprüche wie »Gut Ding will Weile haben« nicht beirren. Wer jung ist, zieht eben öfter um. Bis man fertig ist, steht oft der nächste Ortswechsel an. Da ist es doch kein Laster, dass man nicht jedes Mal ewig warten will, bis man sich auch im Garten wohl fühlt. Ja, im Grunde ist es sogar eine Auszeichnung, ungeduldig zu sein. Zumindest für den Garten. Denn wer auf ein schönes, blühendes Paradies Wert legt, dem ist an diesem Lebensraum wirklich sehr viel gelegen.

Der Nutzen eines Gartens liegt nämlich nicht darin, dass man ungeduldig wartet. Ein Garten ersetzt das Workout-Programm im Fitness-Studio sehr gut. Und ist er gelungen, kann man sich an den schönen Blumen erfreuen, köstliche Früchte naschen und Kräuter für tolle leckere Rezepte ernten. Hier spielen die Kinder Fussball und machen ihre ersten Bekanntschaften mit Froschlaich und Kaulquappen. Die sommerliche Terrasse verlängert den Sommerurlaub, manchmal ersetzt sie ihn sogar. Der Garten ist Veranstaltungsort Nummer 1 für Grillfeste, Geburtstagsfeten und Kaffeeeinladungen. Hier kommt man zusammen, um sich mal richtig auszuheulen, Probleme zu bequatschen und lachend die Bilder von der gemeinsamen Radtour anzusehen. Und selbst wenn sich mal nichts rührt, alle ausgeflogen sind, das Telefon stillsteht und man einfach in Ruhe ausgiebig faulenzen will, dann ist ein eingewachsener, blühender Garten das Traumziel. Und die Liste der Argumente, die für den schnellen Erfolg sprechen, lässt sich verlängern. Aber verlieren Sie jetzt keine Zeit, vertiefen Sie sich in das Buch, stöbern Sie nach Ideen und setzen Sie sie einfach in die Praxis um.

Dann legen Sie mal los: Viel Spaß und fixen Erfolg!

Damit Sie sich schnell zurecht finden, ist das Buch klar und übersichlich strukturiert.

- In **Teil 1** (ab Seite 16) stehen die einzelnen Gartenräume im Mittelpunkt. Hier geht es um die Gesamtgestaltung und schnelle Lösungen für die einzelnen Strukturen. Auch besondere Bereiche wie Vorgarten, Teich sowie Balkon und Terrasse finden Berücksichtigung.

- In **Teil 2** (ab Seite 90) dreht sich alles um die Accessoires und wie man mit ihnen gestaltet und Bestehendes verstärkt. Außerdem geht es um den Tapetenwechsel. Vorher/nachher-Beispiele machen Lust darauf, den eigenen Garten beziehungsweise Balkon mal richtig umzukrempeln.

- In **Teil 3** (ab Seite 114) steht das praktische Gärtnern im Mittelpunkt. Die richtigen Handgriffe und viele Tipps zu einzelnen Pflanzengruppen und -arten machen aus dem Gärtnern keine Wissenschaft, sondern ein leicht verständliches Hobby für den Feierabend.

- Natürlich haben wir auch an Bezugsquellen und Adressen gedacht. Schließlich müssen Sie wissen, wo man Pflanzen und Produkte kaufen kann, die schneller ans Ziel führen.

In einer Tabelle auf der hinteren Umschlagklappe sind die schnellen Pflanzen zusammengefasst. So finden Sie leicht und übersichtlich die deutschen und botanischen Pflanzennamen. Vor allem, wenn es an den Einkauf geht, ist das sehr hilfreich.

Außerdem gab es noch eine ganze Hand voll toller Ideen, die am Ende nicht unterzubringen waren. Wir wollten sie Ihnen nicht vorenthalten. Schlagen Sie einfach die vordere Umschlagklappe auf. Es wäre doch schade gewesen, Ihnen diese Bilder und Tipps nicht zu zeigen.

Die Elemente des Buches

- Jede Menge Fotos zeigen Ihnen Beispiele aus Gärten, von Terrassen und Balkonen. Sie illustrieren die Aussagen des Textes. Zugleich werden Arbeiten Step-by-Step in Serien gezeigt.

- Dort, wo es sinnvoll ist, haben wir das Thema mit Plänen illustriert. Die Beispiele machen die Möglichkeiten deutlich. Zugleich bekommen Sie tolle Ideen. Vielleicht haben wir ja genau Ihren Geschmack getroffen – dann können Sie sich bei der Planung viel Arbeit sparen.

- Tabellen mit Pflanzenporträts erleichtern Ihnen die Suche nach geeigneten schnellen Pflanzen, wenn Sie daran gehen, die Tipps umzusetzen. Die wichtigsten Merkmale werden beschrieben. Hinweise zur Pflege gibt´s dazu.

Ein Wort zu den Fotos sollte noch gesagt werden, denn vielleicht kommt Ihnen mancher Garten nicht ganz frisch angelegt vor. Da haben Sie recht! Zumindest zum Teil. Die Redaktion hat sich bei der Bildauswahl bemüht, junge Gärten zu zeigen. Dabei wurde manches Mal gestaunt und gedacht, dass das doch gar nicht sein kann.

TIPP

Erfolge helfen gegen Ungeduld

Ein Zeitplan hilft nicht nur, die Arbeiten zu koordinieren. Man sieht auch, was man schon alles getan und vor allem erreicht hat. Das ist ein bewährtes Mittel gegen quälende Ungeduld.

Und doch – die Nachfragen ergaben, dass wirklich viel möglich ist, wenn man nicht ganz klein anfängt. Aber ebenso haben wir manches Bild ganz bewusst aus einem älteren Garten genommen, damit Sie verstehen, was hinter dem jeweiligen Thema steckt.

Erfahrungen müssen Sie für dieses Buch nicht mitbringen. Alles, was Sie zur Umsetzung wissen müssen, wird genau beschrieben. Die Pflanzen in Text und Tabellen sind up to date. Es handelt sich um die Blumen, Sträucher und Gräser, die man vor Ort bekommt, beim Gärtner, im Gartencenter oder in der Baumschule. Allerdings werden nicht überall besonders große Pflanzen angeboten. Man kann sie sich aber, wie die meisten anderen Pflanzen auch, schicken lassen. Daher werden im Anhang Adressen von Versandgärtnereien und Händlern mit Postversand aufgelistet.

Für die Namen der Pflanzen werden gängige, deutsche Bezeichnungen verwendet. Dabei liegt die Betonung wirklich auf »gängig«. Es mag sein, dass in Ihrer Region ein anderer Name üblich ist. Es gibt da keine Norm. Was für den einen eine Myrtenaster, ist für den anderen die Schleierkrautaster, und der nächste nennt die gleiche Pflanze Septemberkraut. Nur der botanische Name ist tatsächlich verbindlich festgelegt. In dem Beispiel wäre es *Aster ericoides*. Die lateinische Bezeichnung ist in Tabellen, Zweifelsfällen und in der Übersicht in der hinteren Umschlagklappe ergänzt. Ansonsten soll der Text lesbar bleiben und nicht von Zungenbrechern unterbrochen werden. Damit Sie bei Bestellungen die richtigen Pflanzen bekommen, sollten Sie hier auf jeden Fall die botanischen Namen angeben. Dann kann eigentlich nichts schiefgehen.

Sie wollen wissen, was die botanischen Namen besagen? Grundsätzlich hat man für eine Pflanze zwei Namen. Der erste bezeichnet die Gattung, der zweite die Art. Bleiben wir bei dem Beispiel der Myrtenaster, so wäre *Aster* die Gattung und *ericoides* die Art. Die Aufteilung ist wichtig, denn Astern gibt es schließlich viele. Die Kissenaster beispielsweise heißt *Aster dumosus*.

Nun findet man bei den botanischen Namen meist noch einen weiteren in Anführungszeichen angehängt. Manchmal ist es ein Name, manchmal ein beschreibender Begriff, mal in Deutsch, mal in Englisch. `Ester´, `Schneegitter´ und `Pink Star´ heißen verschiedene Sorten der Myrtenaster. Diese Sorten haben besondere Eigenschaften, beispielsweise statt weißer Blüten rosafarbene. Für das Gestalten sind solche Merkmale natürlich wichtig, und deshalb sollte man diesen Namen immer mitverwenden.
Nun kann es jedoch sein, dass Ihr Gärtner diese Sorte nicht hat, und er bietet Ihnen Ersatz an. Darauf können Sie eingehen, wenn die besonderen Eigenschaften ähnlich sind, also beispielsweise die Blüten ebenfalls rosa, aber auch gefüllt. Achten Sie jedoch darauf, dass auch die anderen Eigenschaften, zum Beispiel die Höhe, übereinstimmen.

Die Vorschläge und Ideen in diesem Buch sind nicht auf irgendeinem Mist gewachsen. Es sind Erfahrungen und Kenntnisse, die zusammengeflossen sind. Und selbst wenn die Autorin Staudengärtnerin ist, weiß sie als Fachjournalistin und Hausgartenbesitzerin, wie ungeduldig man wird, wenn sich im Garten scheinbar nichts tut. Schließlich sagt ihr jeder: »Ja, aber Du musst es doch wissen.« Klar, deshalb hat sie nachgedacht, notiert, gegärtnert, notiert, gelesen, gesammelt, Bilder ausgesucht und schließlich ein ganzes Buch geschrieben: Gärten für Ungeduldige – Clevere Lösungen für alle Gartenbereiche.

TIPP

Ein mutiger Griff zur Schere lohnt sich

Das klingt zwar ziemlich paradox. Für viele Gehölze gilt dennoch: Der Schnitt kurbelt den Austrieb an. Das Astwerk wird dichter, und es bilden sich mehr Blütentriebe. Mehr dazu auf Seite 132.

Lösungen

für alle Bereiche im Detail

Es geht Ihnen nicht schnell genug?
Für alle Gartenbereiche finden Sie hier clevere Ideen

Gartengrenze

Hecken und Zäune – mehr als ein schmucker Rahmen

Duftwicken verzaubern den Drahtzaun einen ganzen Sommer lang.

Ein Urinstinkt sagt dem Menschen vermutlich, dass er seine »Scholle« hinter dem Haus einzäunen soll. Ursprünglich war es ein Schutz vor Tieren und Räubern, die von den Köstlichkeiten des Gemüsegartens fern gehalten werden sollten. Heute geht es weniger um die Tiere als vielmehr um Cocooning, den lieben Nachbarn und seine vielleicht auch instinktive Neugier. Man muss Grenzen ziehen, damit man auf Distanz bleiben kann. Ändern kann man das ja immer noch. Im Zaun findet sich eine moderate Lösung, die jederzeit ein »Grüß Gott« oder einen Schwatz zulässt. Außerdem ist so das Ziel, den Garten einzugrenzen, schnell und einfach erreicht. Eindringlinge werden in jedem Fall auch abgehalten. Hat man sich erst einmal eingewöhnt, wird man auch noch andere Ansprüche an eine Grenze stellen. Wenn der Wind sehr stark bläst, dann muss er abgehalten werden. Die Maschen eines Zaunes sind da keine Lösung. Hier ist die Natur selbst gefragt: Sträucher »mauern« perfekt und machen den Garten zum Wohnraum. Zugleich bekommen die Beete an der Gartengrenze eine Kulisse. Allerdings braucht die Natur immer etwas mehr Zeit. Ein gebauter Sichtschutz aus Holz hilft weiter, wenn es wirklich dringend ist.

Zäune gibt es in ganz unterschiedlichen Bauarten. Die einfachste Version besteht aus Pfosten und Maschendraht. Sie fällt fast nicht auf. Damit erfüllt der Drahtzaun nicht die Funktion des Sichtschutzes. Aber je kleiner der Garten ist, desto wichtiger ist es, dass man die Umgebung ein bisschen in die Gesamtanlage einbezieht. Dann fühlt man sich nicht so eingesperrt. Zudem kann man den Draht für Kletterpflanzen nutzen. Einjährige wie die Duftwicke und der Japanische Hopfen erobern rasch das zarte Geflecht und schmücken mit ihren

Dank immergrüner Hecken wird aus der Fläche ein geschützter Gartenraum.

Blüten beziehungsweise Blättern die Wand. So fällt sie als vertikale Struktur etwas stärker ins Auge, bleibt aber im Grunde transparent. Es gibt auch stabilere und aufwändigere Zäune. Diese sind aus Eisen oder Holz. Letztere gibt es als Bausatz, bestehend aus Gitterelementen, die an Pfosten befestigt werden. Unterschiedliche Höhen und Lattungen bestimmen den Charakter des Zaunes. Vom guten, alten Jägerzaun bis zur Version »Bonanza-Ranch« hält der Holzfachhandel viele Modelle bereit. So ein Zaun braucht regelmäßige Pflege, damit das Holz nicht allzu schnell verwittert. Verzinkte Eisenmodelle sind Spezialanfertigungen, die den Gegebenheiten vor Ort, sprich den Grundstücksgrenzen, individuell angepasst werden.

Die grüne Wand aus Sträuchern schließt sich in der Regel erst allmählich, weil die Heckengehölze langsam zusammenwachsen. In diesem Fall empfiehlt sich also eine Kombination aus einfachem Zaun und Hecke, um unerwünschte Besucher fern zu halten. Allerdings kann man ja heute in jeder Baumschule und jedem Gartencenter Gehölze in verschiedenen Größen bekommen, sodass auch einer Instanthecke im Grunde nichts im Weg steht. Dabei gilt es zu bedenken, dass sich die großen Lücken im Bereich der unteren Astpartien schlecht schließen, wenn man ältere Pflanzen nimmt. Nur bei schnell wachsenden Heckengehölzen wie dem Kirschlorbeer spielt dieses Problem eine untergeordnete Rolle.

Hecken gliedern die Rasenfläche; so erscheint der Garten noch großzügiger.

Geschnittene Hecken liegen im Trend. Zum einen erobern Formschnittgehölze die Gärten zunehmend, zum anderen ist es die platzsparendste Art einer Hecke. Man reserviert einen 50 bis 100 Zentimeter breiten Streifen für die grüne, lebende Wand. Sie wird aus einer einzigen Art gepflanzt, damit sich eine gleichmäßige Struktur ergibt.

Damit eine geschnittene Hecke auch tatsächlich in allen Bereichen vital ist, muss man darauf achten, dass sich der Querschnitt nach oben etwas verjüngt. So ist sie oben schmal, unten breit und alle Bereiche werden gleichmäßig besonnt. Bei der Auswahl der Gehölze gilt es zu entscheiden, ob man eine immergrüne oder eine Laub abwerfende Art bevorzugt. Die immergrüne ist zu empfehlen, wenn man auch im Winter einen Sichtschutz wünscht. Laub abwerfende bringen durch die Veränderung im Laufe der Jahreszeiten etwas mehr Abwechslung, sind aber eben im Winter etwas transparenter. Um einer Enttäuschung gleich vorzubeugen, folgender Hinweis: Man pflanzt Laub abwerfende Schnitthecken in der Regel im Winter. Eine rasche Verbesserung der Situation wird dann im Laufe des Frühsommers sichtbar.

Frei wachsende Hecken sind wesentlich abwechslungsreicher als die geschnittene Form. Aber sie brauchen auch erheblich mehr Platz, damit sich die Sträucher zu allen Seiten frei entfalten können. Wer sich dennoch dafür entscheidet, kann sich schon jetzt über weniger Arbeit freuen. Wie der Name schon sagt, lässt man die Gehölze frei wachsen. Im Abstand von vier bis fünf Jahren lichtet man das Astwerk aus, damit es sich wieder verjüngt.

Auch hier unterscheidet man zwar zwischen den immergrünen und den Laub abwerfenden. In der ersten Gruppe haben aber im Grunde nur die Rhododendren eine größere Bedeutung. Als Heckenpflanze werden sie vor allem in Norddeutschland verwendet, wo man in den Spezialbetrieben Exemplare in jeder beliebigen Größe bekommen kann. So entfallen lange Wartezeiten, bis sich ein Dickicht gebildet hat. Laub abwerfende Gehölze wie Feldahorn, Weigelie, Eschen-Ahorn und Pfeifenstrauch ergänzen sich in dem Gehölzsaum. Mit unterschiedlichen Blütezeiten und verschiedenen Herbstfärbungen versprechen sie grenzenlose Vielfalt. Allerdings geht es nicht ohne etwas Geduld, denn bis wirklich alle Gehölze zusammengewachsen sind, dauert es eine Weile. Pflanzt man die Sträucher sehr groß oder gar zu dicht, wird man schon im zweiten Jahr nicht drumherum kommen, beherzt zur Astschere greifen zu müssen.

Gehölzinseln sind die Probierpackung einer frei wachsenden Hecke. Manchmal reicht das aber auch schon aus. Während im Bereich der Blumenbeete ein einfacher Drahtzaun das Grundstück ausreichend eingrenzt, erfüllt das Strauchdickicht im Bereich der Terrasse sowohl den Aspekt Sichtschutz als auch den des Windschutzes. Und wenn das Astgerüst der Gartenliege in den Mittagsstunden ein bisschen Schatten spendet, ist man auch nicht böse. Setzen Sie ein paar dichte Sträucher an die Terrasse. Mit Bambus kommt beispielsweise asiatisches Flair auf. Allerdings darf man nicht die Wurzelschutzbahn vergessen, sonst ist der Plattenbelag auf der Terrasse bald von den Rhizomen stark unterwandert. Mit einem Schneeball und Strauchhortensien macht sich blumige Frische breit. Achten Sie darauf, ein dichtes Blatt- und Zweiggerüst zu erhalten. Außerdem muss man auf Gehölze setzen, die relativ zügig eine Krone aufbauen.

Sichtschutzpflanzen, die schnell wachsen

Name	Eschen-Ahorn *(Acer negundo* 'Flamingo')	Berberitze *(Berberis thunbergii)*	Scheinzypresse *(Chamaecyparis lawsoniana)*	Bambus *(Fargesia bzw. Sinarundinaria nitida)*	Liguster *(Ligustrum vulgare)*	Kirschlorbeer *(Prunus laurocerasus)*	Lebensbaum *(Thuja occidentalis)*
Höhe (m)	2–3	1,5–2	3–5	2,5–4	1–1,5	0,6–2	5–7
Bemerkungen	Ein Strauch, der in den ersten Jahren enorm schnell wächst und stoppt, wenn er ausgewachsen ist. Rosa gerandete Blätter. Sehr genügsam. Rückschnitt fördert einen schönen Austrieb.	Kleine, eiförmige Blätter in saftigem Grün, bei der Sorte 'Atropurpurea' in Burgunderrot, primelgelbe Blütendolden im Mai, rote Früchte im Herbst. Robust und anspruchslos, kann durch regelmäßigen Schnitt geformt werden.	Typische Heckenpflanze, bläuliche, schuppenförmige Nadeln, säulenförmiger Wuchs. Schnittverträglich, Verschiedene Sorten: 'Columnaris', die typische Heckenzypresse.	Horstig wachsender Bambus, der dichte Büsche bildet, lanzettliche Blätter, blüht sehr selten. Für feuchte bis frische Böden, verträgt keine Staunässe. Frosthart bis minus 30 °C, bei geringer Luftfeuchtigkeit rollen sich die Blätter ein. Schnitt möglich.	Klassisches Heckengehölz, wintergrünes, lanzettliches Laub, cremeweiße Blüten im Juni/Juli, anschließend schwarze Früchte. Verträgt jede Art von Schnittmaßnahmen und verzeiht Missgeschicke schnell. Anspruchslos.	Großes, länglich ovales Blattwerk, das an Lorbeerblätter erinnert, weiße Blütentrauben zwischen Mai und Juni. Schattenverträglich. Verträgt kräftigen Rückschnitt, enormes Regenerationsvermögen.	Schuppenförmige, sattgrüne Nadeln, sowohl für sonnige als auch schattige Plätze geeignet. Sehr schnittverträglich, kann auch als niedrige Formschnitthecke und sogar als Kübelpflanze verwendet werden.

Rasante Lösungen

Sichtschutzelemente aus Holz sind schnell aufgestelllt, und damit ist das Problem »freier Einblick« von heute auf morgen wirklich aus der Welt. Man kann zwischen dezenten Flechtzäunen aus verschiedenen Zweigen oder Holzlamellen wählen. Wenn sie erst einmal stehen, kann man sich die Bepflanzung überlegen.

Treillagen nennt man Rankspaliere, die durch die Anordnung der Leisten eine dreidimensionale Perspektive und damit mehr Tiefe vorgaukeln.

1. **Spaltholzzaun**
   Ein Zaun aus Kastanienholz von der Rolle.

2. **Von Efeu umrankt**
   Das weiße Spalier gibt selbst einem kleinen Garten etwas Extravaganz.

3. **Blickdicht**
   Eng verwobene Zweige nehmen jede Sicht.

TIPP

Verschaffen Sie sich Durchblick

Lassen Sie sich immer ein Fensterchen offen, damit Sie sich mit dem Nachbarn austauschen können. Mit Bogen oder Raute wird es zum Schmuckelement. Wenn es von Kletterpflanzen eingerankt ist, fällt es nicht unangenehm auf.

Die Bauart der Sichtschutzwand sollte sorgfältig mit dem jeweiligen Stil des Gartens in Einklang gebracht werden. Holzlamellen sind starr und solide gebaut. Sie machen aus ihrem Baumarktflair aber auch keinen Hehl. Etwas individueller wirken dagegen Flechtzäune aus Weiden, Schilfrohr oder Heidekraut. Es gibt sie in einem festen Rahmen oder aber in verschiedenen Höhen auf der Rolle. Diese Matten von der Rolle brauchen natürlich Halt, aber man kann damit eine Sichtschutzwand mit geringem Schmuckwert aufpeppen oder einen Zaun blickdicht machen. Wohnt man zur Miete, lassen sich mit dieser variablen Lösung Kosten und Diskussionen sparen. Allerdings muss man beachten, dass das Naturmaterial nicht ewig hält. Es ist zwar recht hart im Nehmen, aber als Langzeitlösung darf man es nicht ansehen. Vor allem, wenn die Matten in Kontakt mit einem feuchten Erdboden kommen.

An der Grenze

müssen zunächst die Löcher für die Pfosten gegraben werden. Die Abstände sollten genau der Breite der Wandelemente entsprechen. Ganz wichtig ist, dass sie in einer Linie liegen. Man richtet sie mit Hilfe einer Pflanzschnur aus. Ein Pfostenschuh verhindert, dass Feuchtigkeit im Pfosten aufsteigt und dieser allmählich fault. Diese Schutzhülsen kann man ins Erdreich einschlagen, es gibt aber auch Pfostenschuhe zum Einbetonieren. Achten Sie darauf, dass die Höhen übereinstimmen, damit man die Sichtschutzwand gerade aufbauen kann und die Pfosten auf gleicher Höhe abschließen. Sind die Pfosten gesetzt, wird das Erdreich wieder angefüllt. Ist wie im Beispiel rechts eine Querverstrebung für Kletterpflanzen vorgesehen, wird diese zunächst festgeschraubt. Im nächsten Schritt werden die Lamellenelemente mit Hilfe von Metallwinkeln befestigt. Das macht man am besten zu zweit, damit die Wände alle gleichmäßig auf einer Höhe hängen.

Beim Einkauf

der Sichtschutzwand sollten Sie auf eine hochwertige Imprägnierung achten, die die Witterungsbeständigkeit garantiert. Die Lamellen müssen frei von Astlöchern und fest verspannt sein. Anderenfalls ist die Lebensdauer deutlich verkürzt, weil die Lamellen ausbrechen.

TIPP

Hinter dem Sichtschutz wird es schattig

Wenn Sie eine Sichtschutzwand aufstellen, wird es auf einer Seite meist sehr viel schattiger. Wenn diese in ihrem Garten liegt, dann sollten Sie diesen Aspekt für die Gestaltungsideen im angrenzenden Blumenbeet berücksichtigen.

Pergola mit Sichtschutz

1. **Pfosten** werden im Boden befestigt.
2. **Querbalken** verbinden die Pfosten.
3. **Winkel** werden angeschraubt.
4. **Die Sichtschutzwand** befestigt man an den Winkeln.

Kletterpflanzen für Ungeduldige

	Name	Blütezeit (Monate)	Höhe (m)	Bemerkungen
	Italienische Waldrebe *(Clematis viticella*-Sorten)	6–9	4-5	Sternförmige Blüten in Weiß, Lila, Blau, Violett und Purpur, sommergrüne, gefiederte Blätter, rankt sich mit Trieben und Blattspreiten in die Höhe. Ein Gehölz mit vielen Sorten.
	Hopfen *(Humulus lupulus)*	7–8	2–8	Große, sommergrüne Blätter, Blüten (nur an weiblichen Pflanzen) in rundlichen Trauben, zapfenähnliche Früchte. Windend, baut sich jedes Jahr aus Wurzelstock auf.
	Sternwinde *(Ipomoea lobata,* Syn.: *Quamoclit lobata)*	6–10	3–6	Rispen mit weißen, gelben und orangeroten Blüten gleichzeitig, dreilappige Blätter, starkwüchsig, sonnige bis halbschattige, warme Plätze, hoher Nährstoffbedarf, einjähriger Schlinger.
	Prunkwinde *(Ipomoea tricolor)*	7–10	2–3	Große Trichterblüten in Blau, Weiß, Rot, herzfömige Blätter. Einjähriger Schlinger für geschützte, warme Plätze, entwickelt sich rasch zu einer wahren Gartenschönheit.
	Feuerbohne *(Phaseolus coccineus)*	6–9	2–4	Scharlachrote Blütentrauben, später Bohnen, die man essen kann, große, herzförmige Blätter. Schnelle einjährige Kletterpflanze, schlingend. Ideal als Sichtschutz, anspruchslos, für Direktsaat.
	Schwarzäugige Susanne *(Thunbergia alata)*	6–10	0,8–2	Trichterförmige Blüten in Gelb, Orange oder Weiß mit schwarzem Schlund, herzfömige Blätter. Warmer Standort, »kalte Füsse« durch anhaltende Nässe vermeiden, einjährige Schlingpflanze.
	Kapuzinerkresse *(Tropaeolum majus)*	6–10	0,2–2	Trichterförmige Blüten mit langem Sporn, rot, orange, gelb, runde Blätter. Klettert an Zäunen, verträgt Halbschatten, braucht phosphorbetonte Dünger. Blüten essbar, einjähriger Ranker.

Kletterpflanzen intergrieren Sichtschutzwände und Zäune schnell. Mit ihren Ranken erobern sie im Handumdrehen die Wände. Aber jede Pflanze hat ihre eigenen Tricks, wie sie die Höhe erklimmt. **Windende** bzw. **Schlingende** Akrobaten suchen mit ihrer wachsenden Triebspitze etwas, an dem sie Halt finden und legen sich spiralig darum. Es können recht grobe Pfosten und Latten sein, an denen sie Halt finden. Langen Trieben kann man auch beim Gipfelsturm helfen. Bei dieser Gruppe handelt es sich um die schnellsten Eroberer. Etwas langsamer und anspruchsvoller sind **rankende Arten**. Mit Hilfe von filigranen Blattspreiten, die sich wie bei Weinrebe oder Duftwicken mehrfach spiralig um Draht oder dünne Äste wickeln, zieht sich die Pflanze in die Höhe. Maschendraht oder ein Gitter aus Hasendraht leisten gute Dienste, damit sich die Blütentapeten rasch entfalten. Eine eindrucksvolle Art, an Mauern in die Höhe zu wachsen, haben Efeu und Wilder Wein. Mit Haftorganen halten sich diese emsigen Kletterer fest. Allerdings brauchen sie ein raue Oberfläche, und die finden sie in der Regel nur auf Putz.

Besonders dekorativ sind Kletterpflanzen mit Blütenschmuck, wobei die einjährigen Arten durch ihre Blüh-Ausdauer überzeugen. Aber man fängt eben jedes Jahr wieder bei Null an. Mehrjährige Kletterer etablieren sich im Laufe der Jahre und können so viele Quadratmeter dauerhaft begrünen. Eine Auswahl finden Sie links in der Tabelle.

Grenzfälle mit Pfiff

Mit Fantasie findet man für die Gestaltung der Gartengrenze auch ein paar ungewöhnliche Ideen. Diese bereichern den Garten nicht nur funktional, sondern schenken ihm auch eine besondere Note. So beispielsweise eine transparente Hecke aus Spalierbäumen. Im Frühjahr blühen sie, und im Herbst gibt´s leckere Früchte.

Unauffällig wird die Wand an der Grenze, wenn einem erst auf den zweiten Blick auffällt, dass es ja eine Grenze ist. Mit einer Reihe von Apfelbäumen, die als Spalier erzogen sind, schenkt man der Schnittkunst und dem Fruchtschmuck mehr Aufmerksamkeit als der eigentlichen Funktion. Das Schöne an dieser Lösung: Man bekommt die Bäume bereits relativ groß in der Baumschule. Rustikaler sieht ein Weinstock aus, der an einer schlichten Pfosten-Draht-Konstruktion gezogen wird. Damit es im unteren Bereich dicht ist, pflanzt man hier zum Beispiel Spornblume und Lavendel.

Country-Feeling

verbreiten self-made Flechtzäune aus Weidenruten. Man sollte sich frühzeitig entscheiden, ob sie treiben sollen oder nicht. Der frische Austrieb mit Blättern sieht witzig aus, das Wurzelwerk entwickelt sich aber massiv und kann zum Problem für eine angrenzende Bepflanzung werden.

Weidenruten

zum Flechten von Zäunen gibt´s im späten Winter beim Floristen. Ist ein späterer Austrieb erwünscht, müssen sie frisch sein.

1. **Goldhopfen** baut sich malerisch neben der Strauchrose `Schneewittchen´ auf.
2. **Spalierbäume** bilden eine Wand zum Nachbargrundstück.
3. **Weidenzaun** Die weichen Triebe flicht man um Pfosten.

TIPP

Raffinierte Efeuwände

Selbständig klettert Efeu an Wänden hinauf. Wenn man die langen Triebe in einen stabilen Metallzaun verwebt, bekommt man innerhalb von einer Saison eine dichte grüne Wand, und das auf ganz Platz sparende Art und Weise.

Grundstrukturen

So kriegen Sie alle Ideen garantiert unter einen Hut

Wie in einem Bauerngarten ist hier der Gemüsegarten übersichtlich in Beetflächen aufgeteilt und bunt bepflanzt.

Das Kribbeln in den Fingern muss vorerst noch kräftig gebändigt werden. Natürlich kann man sich im Topfgarten ein wenig austoben, aber Ihre Gartenfläche braucht jetzt als Erstes Ihren kühlen Kopf und nicht den grünen Daumen. Die ersten Schritte bestehen darin, Ideen zu sammeln und zu versuchen, dem Garten eine Struktur zu geben. Zunächst ist es ganz wichtig, nicht in wilden Aktionismus mit dem Spaten zu verfallen, sondern sich mit Papier und Bleistift an einen Tisch zu setzen. Die Fläche wird in verschiedene Bereiche eingeteilt. Sie werden häufig auch als Räume bezeichnet, denn im Prinzip funktioniert der Garten wie ein Wohnungsgrundriss. Fragen Sie sich (und die Familie), welche Funktionen und Wünsche der Garten erfüllen soll. Vielleicht haben Sie auch schon eine Vorstellung, ob es ein romantischer Blumengarten, ein Bauerngarten oder einfach ein Familiengarten werden soll. Diese Stilfrage ist später wichtig, wenn es darum geht, Funktionen und Fläche in Einklang zu bringen. Bei diesen Fragen helfen auch die Grundstrukturen. Es sind die vertikalen und horizontalen Linien, mit denen der Garten dann endlich Formen annimmt. Dazu gehören Hecken und Einfassungen, Wege, Beete, Sträucher und Bäume. Die verschiedenen Möglichkeiten dazu werden im Folgenden erläutert.

Geduld zahlt sich aus. Merkt man erst, wie unpraktisch es war, vor lauter Ungeduld die Strauchrosen direkt an die Terrasse zu pflanzen, vergeht nicht nur der Spaß. Man hat am Ende die doppelte Arbeit. Ganz abgesehen davon, was das eilige Vorpreschen am Ende an Geld kostet. Machen Sie sich lieber zuerst mit den Gegebenheiten vertraut. Beobachten Sie den Garten, welche Pflanzen darin wachsen, wie der Boden beschaffen ist und welche Bereiche im Tageslauf in der Sonne liegen. Diese Fragen werden später wieder wichtig – denn es ist doch klar, dass ein Frühstücksplatz nur in der Morgensonne Sinn macht, oder? Wer noch keine richtigen Vorstellungen hat, der nimmt sich zunächst ein paar Bücher und Zeitschriften mit vielen Bildern und sammelt Anregungen. Damit ist man gut beschäftigt. Mit Sicherheit haben Sie am Ende überall Zettel in den Seiten liegen und sich Bilder aus den Heften gerissen.

Sitzplatz, Blumenbeete, Rasen und das Gartenhaus ergeben hier einen harmonischen Einklang.

Als Anregung für die Grundstrukturen haben wir Ihnen drei Beispiele zeichnen lassen und stellen sie auf dieser Seite vor. Jeder der Gärten hat die gleiche Grundfläche. Elemente, Platzierung und Stil sind aber ganz unterschiedlich. Sachlich, formal stellt sich das **Beispiel 1** dar. Es hat eine große Rasenfläche, eine Terrasse, ein eckiges Wasserbecken und eine mit Blauregen berankte Pergola. Die kantige Aufteilung wird durch Pflanzen aufgelockert. An den Rändern ist viel Platz für Blumenbeete, und ein Hausbaum hinten rechts markiert den Abschluss.

Von der Aufteilung viel lieblicher stellt sich das **Beispiel 2** dar, mit einer runden Terrasse und einem schwungvollen Gartenweg. Dieses Linienspiel wiederholt sich. Beete nehmen in ihrer Begrenzung das Muster auf, und es entsteht ein harmonischer Eindruck. Ein Gartenhaus am Ende des Weges bietet Stauraum.

Im **Beispiel 3** helfen Hecken, die Fläche zu strukturieren. Außerdem wird durch den Wechsel von Bodenbelägen, Rasen und Beeten die Funktionalität unterschieden. So kann man viele verschiedene Aspekte verknüpfen: Gemüsegarten auf der rechten Seite, blumiger Laubengang links neben der Terrasse, lauschige Gartenbank, Kompostmiete und Staudenbeet unter dem Hausbaum.

Langsam werden Sie bemerken, wie bedeutungsvoll Grundstrukturen für die Wirkung eines Gartens sind. Und sie helfen, zügig ans Ziel zu kommen. Wenn Sie die einzelnen Räume festgelegt haben, dann können Sie jetzt auch einen Zeitplan machen. Im Bereich der Terrasse kann das Blumenbeet schon mal geplant werden, und dann kann man auch den Hausbaum pflanzen, solange die Bäume noch keine Blätter haben. Wichtig ist, dass man die Haupt-Blickachsen zuerst »hintrimmt« und sich erst später um Randbereiche kümmert. Dann sieht der Garten schon mal nach etwas aus. Mit jeder Etappe kommen Sie dem Ziel einen großen Schritt näher. Warten Sie ab – Ihre Freunde und Bekannten werden staunen, wie schnell das bei Ihnen geht.

Auf dem Plan stellt man die Ideen zusammen und probt das Zusammenspiel. Wundern Sie sich nicht, wenn es ein paar Entwürfe dauert, bis Sie mit der Umsetzung zufrieden sind. Wer unsicher ist, kann sich an dieser Stelle auch den Rat eines Fachmanns holen. Es ist auf jeden Fall ein großes Erfolgserlebnis, wenn man die Strukturen endlich auf das Grundstück übertragen kann.

Einfassungselemente aus Ton unterstreichen dekorativ die Grundstrukturen.

Hausbäume bewachen den Eingang und begrüßen Besucher.

Markieren Sie die wesentlichen Elemente. Beetränder kann man mit Sand abstreuen, den Weg mit Holzpflöcken übertragen und an die Stellen, wo größere Bäume oder Sträucher stehen sollen, werden Steine hingelegt. Vergessen Sie bei dieser Arbeit nicht das Maßband. Und es ist wichtig, dass man den Plan ganz genau überträgt. Dafür kann man Kleinigkeiten vernachlässigen.

Der Hausbaum ist ein Klassiker für Grundstrukturen. Zusammen mit Sträuchern sorgt er für eine Vertikale. Zugleich hat er eine symbolische Schutzfunktion. Diese ist traditionell begründet, verwundert aber nicht: Wer fühlt sich im Angesicht eines stattlichen Baumes nicht beschützt? Und ganz nebenbei ist es ganz angenehm, wenn man nicht nur sonnige Bereiche hat, sondern auch die Möglichkeit, sich im heißen Sommer im Schatten eines Baumes auszuruhen.

Wer die Wahl hat, hat natürlich auch die Qual. Als markanter Blickfang im Garten sollte der Hausbaum die Jahreszeiten widerspiegeln. Also verwendet man am besten einen Laubbaum, der die Blätter im Herbst abwirft. Als zweiter Gesichtspunkt steht der Wuchs im Vordergrund. Es sollte ein Baum mit Stamm und Krone sein. Damit dieser Eindruck entsteht, greift man auf Arten wie den Kugel-Ahorn oder die Kugel-Esche zurück. Diese Gehölze (weitere finden Sie rechts in der Tabelle) bringen dieses Bild sofort in den Garten. Zugleich sind sie trotz stattlicher Statur Platz sparend. Das ist nirgends so wichtig wie im kleinen Garten. Da nützt einem eine Kastanie oder eine Linde nichts, wenn Sie sich nicht in die Größenverhältnisse einfügt und einem im Laufe der Jahre nicht nur über den Kopf, sondern auch über das Dach wächst. Reizvoll sind natürlich Blütengehölze. Zierkirschen und -äpfel entwickeln sich im Frühling zu einem besonderen Blickfang. Aber Blüten sind nur ein Aspekt. Tolle Früchte wie beim Zierapfel bringen im Herbst Farbe ins Gartengeschehen. Ähnlich wie eine schöne Blattfärbung. Deshalb gilt es gut, zu überlegen, welches Gehölz Ihren Vorstellungen ent-

Hausbäume mit schneller Wirkung

Deutscher Name	Botanischer Name	Blütezeit*	Höhe (cm)	Bemerkungen
Kugel-Ahorn	*(Acer platanoides* 'Globosum')	4	300–500	kugelige Krone, unscheinbare Blüten, pflegeleicht, für kleine Gärten
Kugel-Trompetenbaum	*(Catalpa bignonioides* 'Nana')	–	300–500	kugelige Krone mit großen Blättern, imposante Erscheinung, blüht nicht
Rot-Dorn	*(Crataegus laevigata)*	5–6	300–500	blütenreicher Baum, Blüten rot, formbar durch regelmäßigen Schnitt
Kugel-Esche	*(Fraxinus excelsior* 'Nana')	–	300–500	schirmförmige Krone, gefiedertes Blatt, pflegeleicht, für feuchte Böden
Gold-Hülse	*(Gleditsia triacanthos* 'Sunburst')	6	500–700	gelbgrüne Blätter, weißliche, duftende Blüten, schnellwachsend
Amberbaum	*(Liquidambar styraciflua)*	–	500–700	schmale Krone, bezaubernde Herbstfärbung in Gelb bis Rot
Zierapfel	(*Malus*-Sorten)	5	500–700	Weiß, Rosa, Rot, Fruchtschmuck im Herbst, Kronenaufbau verschieden
Zierkirsche	(*Prunus*-Sorten)	4–5	300–700	Weiße, rosarote Blüten, wie der Wuchs abhängig von der Sorte
Weidenblättrige Birne	*(Pyrus salicifolia)*	4	600–800	silbriges Laub, kleine unscheinbare Blüten und Früchte, für Formschnitt
Kugel-Akazie	*(Robinia pseudoacacia* 'Umbraculifera')	–	300–500	kleinkronig, kugelig, schnittverträglich, blüht nicht

* in Monaten

Rindenmulch gibt dem Gartenweg im Handumdrehen einen dichten Belag.

spricht. Und vergessen Sie nicht: Man kann auch ein Obstgehölz, einen Apfel- oder Pflaumenbaum zum Hausbaum machen. Blütenschmuck und köstliche Früchte gibt´s gratis zu der ansehnlichen Figur.

Der Gartenweg

verknüpft unterschiedliche Gartenräume und zieht sich wie ein Band hindurch. In einem kleinen Garten kann der Platz für einen Weg verschenkt sein. Manchmal reicht es aus, wenn man über den Rasen zum Kompost gelangt. Wege würden hier das Gelände nur zu sehr zerschneiden. In einem größeren Garten, wenn Fahrräder täglich aus dem bzw. ins Gartenhaus gebracht werden oder wenn man einer bestimmten Linienführung Bedeutung geben will, sollte man jedoch Gartenwege einplanen. Sie geben der Gesamtanlage Ordnung, an ihnen reihen sich die einzelnen Bereiche wie Perlen auf der Schnur, und es können leicht optische und räumliche Zusammenhänge hergestellt werden.

Bei der Breite sollte man die Funktion berücksichtigen. Wenn man nichts auf dem Weg transportieren muss, dann reicht ein schmaler Pfad von etwa 30 bis 40 Zentimetern Breite aus. Man muss immer berücksichtigen, dass auch noch etwas Platz für die Einfassung gebraucht wird. Ob sich der Gartenweg schlängelt oder ob er gerade verläuft, ist eine Frage der Gesamtgestaltung. Gerade ist der Weg kürzer. Kurven machen den Verlauf interessant. Der Belag hängt von verschiedenen Gesichtspunkten ab. Zunächst einmal sollte er praktisch und sicher sein. Das Material sollte zudem mit Terrasse und Sitzplatz abgestimmt werden. Neben den verschiedenen Materialien bietet auch die Art des Verlegens Gestaltungsmöglichkeiten. Besonders schnell geht es mit einer wassergebundenen Wegedecke.

Kies, Splitt und Rinde

sind die gebräuchlichsten Materialien für diese Verlegung. Ein Unterbau ist eigentlich unerlässlich. Dazu muss man die Fläche vorher auskoffern. Gerade Wege treten sich schnell aus, und Pfützen machen den Spaziergang nicht zum Vergnügen. Also wird die Fläche, sei es der Verlauf des Weges oder ein Sitzplatz, gut 25 Zentimeter tief ausgegraben. Wer eine feste Kante wünscht, der setzt diese als Erstes an den Rändern in ein Mörtelbett. Anschließend wird etwa 15 Zentimeter hoch Grobschotter eingefüllt und verdichtet. Darüber gibt man je fünf Zentimeter Feinschotter und Abdeckung. Jede Schicht sollte für sich verdichtet werden, wobei man bei Rindenmulch darauf verzichten kann.

Diese Bodenbeläge wirken sehr natürlich. Auf Rinde federt jeder Schritt, Kies und Splitt knirschen unter den Füssen. Allerdings setzt sich auch gerne Unkraut dazwischen, man muss es rechtzeitig im Vorbeigehen entfernen. Kiesflächen können Sie sogar absichtlich mit Pflanzen auflockern. Königskerzen, Glockenblumen und Thymianpolster werden mit einem festen Wurzelballen in den Kies gesetzt. So ergeben sich weiche Übergänge zu den Beetflächen und man erhält noch ein paar Farbtupfer gratis.

Betonstein
Vielfältig einsetzbar und zu kombinieren

Kies
Das lockere Material ergibt einen knirschenden Belag

Klinker
Klassischer, aber recht kostspieliger Bodenbelag

Pflaster verlegen

Feste Beläge können aus Natursteinplatten, Pflastersteinen und Klinker sein. Beton ist eine preisgünstige Alternative, oft besser als ihr Ruf. Eine befestigte Fläche ist eine kostspielige Sache. Aber Sie sollten sich gut überlegen, ob Sie sparen und es selber machen wollen oder ob Sie jemanden beauftragen, der etwas davon versteht.

Bodenbeläge sollten farblich zur Fassade des Hauses passen, da sie optisch in Zusammenhang stehen. Ob man große Platten oder kleine Pflaster wählt, sollte man jeweils auf die Fläche abstimmen. Kleine Bereiche und Flächen in kleinen Gärten sind für Pflastersteine und Klinker ideal. Große Platten wirken großzügig, wenn die Fläche entsprechende Maße hat. Natürlich kann man auch kleine und große Steine mischen, um Reste zu verarbeiten. Hier muss ein Muster festgelegt werden.

Wer sich die Verlegearbeiten selbst zutraut, der kann sich die Geräte und Maschinen wie eine Rüttelplatte bei örtlichen Fachfirmen ausleihen. Auskoffern und Unterbau, am besten auch der Belag, sollten unbedingt abgeschlossen sein, bevor man den Rasen anlegt. Der Weg grenzt meist an die Rasenfläche, und man wird nicht verhindern können, dass der eine oder andere Aushub und die Geräte zunächst an der Seite gelagert werden. Dies sollten Sie unbedingt bei der Planung bedenken.

TIPP

Kunterbunter Materialmix

Verschiedene Steinreste kann man zu einem kleinen Muster im Weg verarbeiten. Dazu legt man die Steine in gewünschtem Ornament aus und passt die Größe an. Dann wird verlegt. Die entscheidende Vorraussetzung ist viel Geduld.

Beachten Sie, dass die größeren Flächen immer ein paar Prozent Gefälle haben sollten, damit Regenwasser schnell abfließen kann – und zwar bei Terrassen weg vom Gebäude. Diese technischen Details sind von großer Bedeutung und dürfen nicht unbeachtet bleiben.

1. **Auskoffern**
   Zunächst wird die Fläche für den Unterbau ausgekoffert.
2. **Verlegen**
   In Schotter und Sand werden Pflastersteine im Verband verlegt.
3. **Befestigen**
   Die Pflastersteine werden mit Hand oder Rüttler festgestampft.
4. **Sand einfegen**
   In die Fugen wird Pflastersand verfüllt.
5. **Fertig**
   Ergebnis ist ein raffiniertes, kleinteiliges Pflastermuster.

Rasen

Der grüne Teppich dient als Allzweckfläche

Rasen muss strapazierfähig sein – zum Fussball spielen, Bobby-Car fahren und Feste feiern.

Ein Muss für jeden Garten ist der Rasen. Das flauschige Grün bildet meist optisch den Mittelpunkt des Gartens. Zugleich ist der Rasen, sieht man einmal von den Sitzplätzen ab, der wichtigste Lebensraum für den oder die Gartenbesitzer samt Familie und Besuch. Die Ansprüche sind hoch. Schließlich besteht der Rasen doch »nur« aus Gräsern, und es wäre doch gelacht, wenn man die nicht immer in Schuss hätte! Das »bisschen« Mähen. Gern wird die Rasenpflege spöttisch abgetan. Zur Philosophie wird sie meist erst, wenn die Fläche so groß ist, dass sich ein Aufsitzmäher für den Hausherrn lohnt. Der Alltag sieht für den Rasen und seinen Pfleger anders aus. Zwei Mal in der Woche muss gemäht werden. Im Frühling heißt es außerdem vertikutieren, Löcher ausbessern, Unkräuter bekämpfen und düngen. Im Sommer muss man wässern, und die Spuren des Grillfestes wollen ebenso beseitigt werden wie die vielen kleinen Hinterlassenschaften eines regen Familienlebens.

Der erste Schritt zum Erfolg heißt deshalb: Qualität. Fangen Sie nicht an, irgendwelches Saatgut nach dem Motto »Sieht sowieso alles gleich aus« zu kaufen, sondern lassen Sie sich beraten, denn es gibt große Unterschiede. Spielrasen, Schattenrasen, langsam wachsender Rasen, Sportrasen und… Es gibt für (fast) alles eine Lösung. Allerdings fangen Sie vielleicht nicht mit Saatgut an, sondern greifen gleich zum Rollrasen, der ist nämlich schon grün. Was man dabei beachten muss, lesen Sie auf Seite 34.

Weiterhin sollten Sie sich klar machen, was die Pflege bedeutet. Wer schludert und das Mähen vergisst, bekommt gleich die Rechnung. Es handelt sich bei den Gräsern eben um lebendige Pflanzen. Wenn man immer schnell fertig sein will, dann sollte man sich tatsächlich die Überlegung gestatten, ob es ein grüner, geschnittener Zierrasen sein muss. Für Kinder lohnt sich ein Rasen immer, aber wer sich nur aus Gewohnheit für den Rasen entscheidet, der sollte sich zumindest bei den Alternativen umsehen, also auf Seite 36 weiterlesen.

Auch für einen variablen Sitzplatz im Schatten ist die Rasenfläche geeignet.

Die tolle Rolle

Von heute auf morgen entstehen mit Hilfe von Rollrasen grüne Teppiche. Gründliche Vorbereitung und regelmäßiges Wässern sind die Voraussetzungen für einen anhaltenden Erfolg. Der Preis für die Anlage liegt zwar deutlich höher als bei einer konventionellen Begrünung, aber wenn man den Aufwand mit der Aussaat von Rasen vergleicht, so kann man richtig viel Zeit und Mühe sparen.

Der Boden muss vor dem Auslegen gelockert werden. Entfernen Sie Wurzelunkräuter gründlich. Anschließend wird der Boden lückenlos geglättet.

1. **Frisch geschält**
   Der Rasen wird als Rolle geliefert. So lässt er sich bequem auslegen.

2. **Die erste Bahn**
   wird auf dem ebenen Boden lang ausgerollt.

3. **Nahtlos schließen**
   sich die nächsten Bahnen an den Seiten an.

Ausgelegt wird die Rolle immer an einer geraden Kante entlang. Bei runden Kanten hält man so viele Bahnbreiten Abstand, bis man einen langen Streifen verlegen kann. An diesem wird dann die weitere Verlegung ausgerichtet. Die Ränder passt man mit Reststücken sauber an. Zum Schneiden von Rollrasen verwendet man den Kantenstecher oder einen Spaten. Nach dem Verlegen sollte man den Rasen noch schonen und nicht voll belasten.

TIPP

Die Rasenmatte für Böschungen

Wo das Gelände ein Gefälle hat, muss der Rasen schnell mit dem Untergrund verwurzeln, denn Rollrasen rutscht weg. Ideal ist die Rasenmatte (Bild rechts), ein Gewebe mit Rasensamen. Sie wird mit Stöcken an der oberen Kante im Erdreich befestigt.

Pflege ist das A und O

Mähen ist das Eine, was für einen gepflegten Rasen wichtig ist. Es versteht sich von selbst, dass das Schnittgut gleich aufgefangen wird. Das andere ist eine gute Ernährung, denn mit jedem Schnitt werden auch Nährstoffe entzogen. Verwenden Sie spezielle Rasendünger und beachten Sie die Dosierungsempfehlung auf der Packung. Zur richtigen Dosierung gehört auch, dass der Dünger auf dem Rasen gleichmäßig verteilt wird.

3

Rasen wächst kraftvoll und gleichmäßig, wenn die Schnitthöhe ungefähr bei 4 Zentimetern liegt. Die Gräser sollten nicht länger als 6 bis 7 Zentimeter werden.

1. **Ein Streuwagen** bringt Dünger schnell und gleichmäßig auf dem Rasen aus.
2. **Die richtige Schnitthöhe** und die Tageszeit sind beim Mähen zu beachten.
3. **Dicht und sattgrün** So sieht der Traumrasen den ganzen Sommer aus.

2

1

TIPP

Schnell fertig, weil der Rasen langsam wächst

Nur zwei, drei Mal Mähen im Jahr – solch herrliche Aussichten bringen Gräser ins Spiel, die nur langsam wachsen. Im Handel gibt es spezielle Saatgutmischungen, die die Arbeit erleichtern.

Mähen macht den Rasen dicht, weil es das Wachstum anregt. Im Hochsommer ist es wichtig, dass man erst am späten Nachmittag mäht. Das Gras ist trocken, und die Hitze lässt die Schnittstellen nicht verbrennen. Außerdem sollte man im Sommer bei anhaltender Trockenheit immer wieder einen Rasensprenger aufstellen.

Ist der Rasen älter und macht er keinen fitten Eindruck, dann hilft eine kleine Kur. Unkräuter werden bekämpft, und anschließend bearbeitet man den grünen Teppich mit einem Vertikutierer. Danach sieht er zwar gerupft aus, aber Moos und Filz sowie flach wachsende Unkräuter werden entfernt. So kann endlich wieder Luft an die Gräser. Der Erfolg wird nicht lange auf sich warten lassen.

Rasenschnitt kann gleich als Mulch weiterverwendet werden. Bringen Sie ihn immer nur in dünnen Schichten aus. Reste werden kompostiert.

Kies – die clevere Alternative zum grünen Teppich

Der Ruhepol des Gartens wird traditionell von geschnittenen Gräsern bewachsen. Doch der Klassiker Rasen hat auch schon manche Familiendebatte provoziert: Mähen, Kanten schneiden, Vertikutieren, Düngen – all das gehört zur Pflege. Wer macht das alles? Aber was ist denn die Alternative? Spätestens an dieser Stelle sind Rasengegner mit ihrem Latein am Ende. Blumenbeete oder Wiesen müssen auch gepflegt werden, insbesondere in den ersten Jahren. Aber was ist denn mit einer Kiesfläche? Die kleinen runden Steine ersetzen den Rasen perfekt. Die Fläche kann zum Spielen und Sitzen genutzt werden, sie verbreitet Ruhe (nicht nur optisch, sondern auch weil nicht ständig irgendetwas gewerkelt werden muss) und wirkt modern.

Die Größe der Fläche entscheidet über Unterbau, Drainage und Schichtenaufbau. Bei etwa zehn bis 20 Quadratmetern reicht es in der Regel aus, dass man den Bereich 20 Zentimeter tief auskoffert. Anschließend Grobschotter zehn Zentimeter hoch einfüllen und verdichten. Darauf je fünf Zentimeter Splitt und Kies füllen und jede Schicht für sich verdichten. So kann Regenwasser gleichmäßig abfließen, es bilden sich keine Pfützen, und die häufig benutzten Bereiche treten sich nicht so stark aus. Für größere Flächen ziehen Sie am besten jemanden zu Rat, der etwas davon versteht. Außerdem sollten Sie überlegen, ob die Fläche mit Kantensteinen eingefasst wird oder ein Saum aus Platten (z. B. Reste vom Terrassenbelag) das knirschende Zentrum umgibt. Wichtig für die Stabilität: Kantensteine in ein 30 bis 40 Zentimeter tiefes Magerbeton-Fundament setzen, und Platten oder Pflastersteine ins Mörtelbett legen.

Kies ersetzt große Rasenflächen im Handumdrehen und bekommt mit Thymianpolstern ein peppiges Aussehen.

Ein echter Hingucker wird der Kies selbst für jeden Rasenfan, wenn Sie die Fläche mit Steingartenpflanzen aufpeppen. Glockenblumen und Thymianpolster fühlen sich in dem mageren Boden wohl und können mit ihren Blüten im Sommer ein paar Farbeffekte einspielen. Zum Pflanzen den Kies zur Seite schieben, ein ausreichend großes Loch schaufeln und den Wurzelballen einsetzen.

Fehlen Ihnen noch Argumente für die Familiendiskussion? Versuchen Sie es doch mal mit dem Aspekt, dass Kies außer bei Frost immer ausgebracht werden kann.

Blütenmeer für Tagträumer und große Flächen

Bald nach der Einsaat blüht die Feldblumenmischung sommerlich bunt.

Blumenwiesen

haben für jeden Gartenbesitzer einen großen Reiz. Die Vorbilder in der Natur wecken Kindheitserinnerungen. Doch was mit Leichtigkeit überzeugt, hat auch seine Tücken. Schließlich handelt es sich bei einer richtigen Wiese um ein ausgeklügeltes System, das sich nicht auf jedem Boden kurzerhand nachbilden lässt. Was nun? Unproblematisch und anpassungsfähig zeigen sich Feldblumenmischungen aus Klatschmohn, Kornblumen und anderen Pflanzen, die ganz typisch für Feldränder sind. Will man sich im ersten Sommer die Anlage des Rasens ersparen oder noch nicht angelegte Gartenteile rasch zum Blühen bringen, so helfen die robusten Saatgutmischungen. Allerdings: Strapazierfähig ist so eine Wiese nicht!

Vorbereitungen

müssen sein. Der Boden wird gelockert, Wurzelunkräuter dabei gründlich entfernt. Deshalb sollte man sich nicht gleich zu große Flächen vornehmen. Anschließend wird das Saatgut aus dem Fachhandel gleichmäßig verteilt und mit einer Harke in den Boden eingearbeitet. Bei späteren Beeten sollte man gleich ein paar Gründüngerpflanzen wie *Phacelia* und Klee beimischen, damit der Boden verbessert wird. Zum Andrücken des Saatgutes nimmt man Bretter, die man unter die Schuhe »schnallt« oder leiht sich eine Walze. Damit es jetzt schnell geht, wird der Rasensprenger aufgestellt und täglich gründlich gewässert. Schon nach wenigen Wochen zeigen sich die Sämlinge, und im Sommer wird es blumig bunt. Schmale Wege hält man mit dem Rasenmäher niedrig. Auf zukünftigen Beetflächen sollte man unbedingt mähen, bevor die Samen reifen.

Klatschmohn
Knallrote Blütenblätter flattern im Sommerwind

Kornblumen
Herrliches Blau für Nostalgiker. Toll für Blumensträuße

Ringelblume
Robust und unermüdlich den ganzen Sommer lang

Blumenbeete

Tolle Farben bringen Stimmung in den Garten

Dahlien bringen im Handumdrehen viel Farbe und Schwung ins Blumenbeet.

Als Eyecatcher des Gartens kann man die Blumenbeete sehen, mit Blüten und Blättern erfüllen Sie die Grundstrukturen mit Leben und sind zugleich der Inbegriff eines schönen Gartens. So kann ein faszinierendes Blumenbeet an der Terrasse oder vor dem Küchenfenster manche »Baustelle« im hinteren Gartenbereich geschickt kaschieren. Tolle Farbkombinationen lenken von den unbeackerten Teilen ab, liefern Anregungen und motivieren, die restlichen Bereiche anzulegen. Wer nicht allzu viel Zeit hat, sollte die Anzahl und Größe der Blumenbeete genau überdenken, denn es sind neben dem Nutzgarten die aufwändigsten Gartenteile in puncto Pflege.

Rasant entwickeln sich **Sommerblumen**, die zudem meist über viele Wochen blühen. Ähnlich verhält es sich mit den **Zwiebel- und Knollenpflanzen**, die im Frühling und Sommer die Sehnsucht nach Farbe und Blüten stillen. Bei den mehrjährigen Gartenblumen, den **Stauden**, muss man Unterschiede machen. Die meisten Arten benötigen ein bis zwei Jahre, bis sie ihre volle Pracht entfaltet haben. Aber es gibt auch einige Vertreter, die schon im ersten Sommer mit einer überschwänglichen Blütenfülle powern, wie beispielsweise die Duftnessel *(Agastache mexicana)*. Ganz im Gegensatz dazu benötigen andere Stauden vier bis fünf Jahre, bis die Blüten zahlreich und groß sind. Es kommt bei der Planung auf eine ausgewogene Mischung an, damit die Beete im ersten Jahr nicht nur eine Vorahnung der Vielfalt zeigen, sondern bereits überzeugen.

Kosmeen schenken dem Garten einen Sommer lang duftige Blüten

Canna wirkt mit tollen Blättern dekorativ und tropisch

Frauenmantel füllt als mehrjähriger Sommerblüher rasch die Lücken

Locker verweben sich die Blüten
von Sonnenhut, rotem Schmuckkörbchen, Tagetes und
hoher lilablauer Verbene zu einem herrlich wirkenden Gesamtbild.

Sommerblumen – das ist Blütenpower pur!

Im Frühling beginnt die Saison für einjährige Gartenblumen. Sie werden meist aus Samen angezogen, seltener durch Stecklinge vermehrt. Für Ungeduldige ist letzteres eine Geduldsprobe, die nicht zu empfehlen ist. Auch die Vermehrung aus Samen braucht Zeit. Es sei denn, man kann die Sommerblumen direkt ins Beet säen, wie Ringelblume, Studentenblume und Jungfer im Grünen (siehe Seite 44). Bei anderen Einjährigen lohnt es nicht, sich mit der Anzucht lange aufzuhalten. Fertig vorgezogene Pflanzen kosten nicht die Welt und starten bald nach der Pflanzung mit farbiger Blütenpracht durch. Und darauf kommt es ja an.

Reine Sommerblumenpflanzungen sollte man in erster Linie als Hingucker verwenden, nicht aber großflächig einplanen. Zum einen sind die Beete im Winter trist und leer, zum anderen sollte man die Mühe nicht übersehen, die das alljährliche Pflanzen macht.

Sonnenhut und kleinblumige Studentenblumen sorgen für Leuchtkraft und fröhliche Stimmung.

Blumenbeete aus Sommerblumen brauchen eine pfiffige Gestaltung. Ein besonderes Augenmerk liegt dabei auf der Farbe von Blättern und Blüten. Ähnliche Farben wie Rosa und Lila, Gelb und Orange oder Cremefarben und Weiß fallen als kräftiger Farbtupfer ins Auge. Je größer die bepflanzte Fläche ist, desto klarer kommt der Zusammenklang von zwei oder drei verschiedenen Farben zur Geltung. Neben diesem Aspekt müssen Blütenformen, Wuchsformen und Höhen stimmen, damit sich ein vielseitiger und zugleich flächendeckend ineinander verwobener Blütenzauber entwickeln kann.

Klar, so etwas braucht ein bisschen Übung und Erfahrung – oder ein paar gute Ideen zum Nachmachen. Auf den folgenden Seiten finden Sie eine ganze Reihe von Pflanzbeispielen aus Sommerblumen, die sich leicht und schnell auf den eigenen Garten übertragen lassen. Dabei kommt es meist nicht so sehr darauf an, die einzelnen Pflanzen exakt so wie im Beispiel zu platzieren, sondern vielmehr auf ein harmonisches Zusammenspiel mit der Umgebung zu achten. Hohe Pflanzen bilden einen Paravent zu den hinteren Bereichen. Kletterpflanzen schaffen elegant den Schulterschluss zu Zäunen, Sichtschutzwänden und Bauwerken.

Die Einjährigen

Gleich im ersten Jahr sind Sommerblumen voll bei der Sache. Im April bekommt man die Jungpflanzen in Gartencentern und Gärtnereien in reicher Auswahl. Bis Anfang Mai sollten sie in der Erde sein. Dann dauert es nur noch ein paar Wochen, und die Blüten sorgen mit ihren Farben für Furore.

Sonnige Plätze

werden von den meisten Einjährigen bevorzugt. Die Vielfalt der Blütenformen und -farben bietet zahlreiche Kombinationsmöglichkeiten.

1. **Wie eine weiße Wolke** schweben Duftsteinrich und Spinnenblumen über dem Beet.
2. **Rosafarbene Zinnien** harmonieren mit den Blütentrauben von Levkojen.
3. **Kontrastreich** ergänzen sich Kapuzinerkresse, Jungfer im Grünen und Ringelblumen.

TIPP

Passendes Blattwerk

Blattschmuck wirkt als Ruhepol. Mit der Größe der Fläche steigt die Bedeutung solcher Inseln. Unter den Sommerblumen haben sich silbriges Currykraut, rotlaubige Schwarznessel und die weißgrün gestreifte Wolfsmilch bewährt.

Die Auswahl der Pflanzen

sollte sich an einem Farbkonzept orientieren und keine kunterbunte Mischung sein. Wählt man ganz ähnliche Blütenfarben, sollten die Blütenformen variieren. So kommt Spannung in die Bepflanzung. Dabei spielt nicht nur die Einzelblüte eine große Rolle, sondern auch der Blütenstand. Levkojen zum Beispiel bilden kerzenartige Rispen, beim Leberbalsam stehen die Blüten wie kleine Schirme nebeneinander, während sich Ringelblumen einzeln an langen Stielen erheben.

Kontraste brauchen etwas mehr Fingerspitzengefühl, denn sie wirken auf einer eng begrenzten Fläche meist hart und schwer. Je kleiner das Beet, desto eher verwendet man kontrastierende Farben nur wie eine Prise Salz im Kuchen. Das belebt und stört nicht. Bei großen Rabatten darf das Farbenspiel der Kontraste einen größeren Raum einnehmen.

Die passen gut zusammen

Farbkombination	geeignete Sommerblumen
Weiß/Creme	Kosmee, Schmalblättrige Zinnie, Mehlsalbei, Mutterkraut, Spinnenblume, Leberbalsam, Duftsteinrich, Bechermalve, Ziertabak, Schneeflockenblume
Gelb/Orange	Ringelblume, Sonnenblume, Orangen-Schmuckkörbchen, Mexikanische Sonnenblume, Zinnie, Tagetes, Levkoje, Sonnenhut, Kapuzinerkresse
Rosa/Flieder	Kosmee, Spinnenblume, Garten-Strohblume, Fleißiges Lieschen, Bechermalve, Duftsteinrich, Levkoje, Buntschopfsalbei, Einjähriger Rittersporn
Lila/Blau	Vanilleblume, Mehlsalbei, Azursalbei, Eisenkraut, Jungfer im Grünen, Petunie, Männertreu, Kornblume, Einjähriger Rittersporn
Rot/Burgunder	Scharlach-Lobelie, Feuersalbei, Bartfaden, Eisenkraut, Zinnie, Ziertabak, Petunie, Seidenmohn, Garten-Fuchsschwanz, Gartenmelde, Buntnessel

Einen Strauß zu pflücken, gehört zu den schönsten Erfolgserlebnissen im Blumengarten. Und bei den Sommerblumen gibt es eine ganze Reihe von Schönheiten, die sich wirklich lange in der Vase halten. Zinnien, Sonnenhut und Ringelblumen ergeben hübsche gelb- bis orangefarbene Kombinationen. Für Romantiker mit Vorliebe für Pastelltöne eignen sich Bechermalven, Sommerphlox, einjähriger Rittersporn und Sommerastern. Natürlich kann man die Schönheiten gleich im Beet in dieser Kombination zusammenpflanzen. Schon bald werden Sie dann merken: Je früher man mit dem Ernten von Blütenstielen beginnt, desto zahlreicher werden die Knospen. Deren Bildung und die Verzweigung wird durch regelmäßiges Schneiden kräftig angeregt.

Duft ist ein anderer Gesichtspunkt für eine Sommerblumengestaltung. Und Sie liegen damit voll im Trend. Wicken, die an Haselnussruten klettern, Levkojen und Garten-Reseden bringen zartes Parfüm in die Beete. Ebenso lohnt es sich, an den Blüten von Goldlack, Ziertabak und Petunien zu schnuppern. Die Sinnlichkeit dieser Blüten ist ein Geschenk für jeden Garten. Beete mit Duftpflanzen sollte man schnell erreichen können, damit man im Vorbeigehen immer wieder daran schnuppern kann. Gartenweg, Terrasse und Hauseingang werden daher für die Duftpflanzen reserviert.

Gräser lockern Sommerblumenpflanzungen auf und geben den Kombinationen einen natürlichen Touch. Die zarten Halme und ungewöhnlichen Blüten wirken extravagant auf ruhige Art. Das Schöne an den hellen Braun- und zarten Grüntönen ist, dass sie harte Kontraste abmildern. So kann man auch mal eine gewagte Kombination von orangen Ringelblumen und violetten Glockenblumen ausprobieren. Zwischen niedrigen Sommerblumen wirken zierliche Gräser wie Hasenschwanzgras, Schleiergras und Riesen-Zittergras sehr dekorativ. Mit den höheren Arten können einjährige Federborstengräser, Hirse und Mähnengerste mithalten. Die Gräser sind leider nicht ganz leicht zu bekommen. Am besten besorgt man sich Samen und zieht die Pflanzen gleich einzeln in Töpfen an. So spart man sich das Pikieren, und die Gräser haben vor dem Pflanzen bereits einen ansehnlichen Wurzelballen.

Sprühende Gräserblüten wirken attraktiv, ohne sich in den Vordergrund zu spielen.

Immer eine Lösung

Jede Gartensituation stellt sich anders dar. Klar, dass man nach einer attraktiven Gestaltung sucht. Bei den Einjährigen findet man viele tolle Pflanzen, die Lust machen, Probleme zu lösen. Im Schatten und an gut einsehbaren Stellen enttäuscht das breit gefächerte Sortiment der Sommerblumen garantiert nicht.

Als Solisten werden die hohen Sommerblumen gern verwendet. Sie können damit besondere Funktionen übernehmen, denn der hohe Wuchs ermöglicht, dass sie Blickachsen durchbrechen. Sei es als kompletter Sichtschutz oder als Sichtbarriere, damit man nicht jedes Eckchen auf den ersten Blick sieht. Einer dieser Giganten ist der Wunderbaum, auch Rizinus genannt. Er trägt riesige Blätter, die kahle Ecken voluminös füllen. Eine Reihe aus Sonnenblumen verdeckt hässliche Wände, und mit dem roten Fuchsschwanz als Blickfang macht jedes Beet etwas her. Breit verzweigt baut sich die Mexikanische Sonnenblume mit orangefarben leuchtenden Blüten auf.

1. **Wunderbaum**
   Rizinus wächst wie ein wahres Wunder. So entsteht rasch ein Höhepunkt im Blumenbeet und im Vorgarten.

2. **Fleißige Lieschen**
   machen mit ihrer Blütenpracht vor dem Schatten keinen Halt.

TIPP

Akrobatischer Höhepunkt

Wollen Sie die Höhe des Solisten selbst bestimmen, dann setzen Sie auf Kletterpflanzen. Prunkwinden, Sternwinden und Glockenreben erobern einen kleinen Obelisken aus Eisen oder ein Tipi aus Weidenruten rasch und blumig.

Im Schatten werden Blüten ebenso rasch ersehnt wie in der Sonne. Aber es lässt sich nicht von der Hand weisen, dass die Auswahl begrenzt ist. Absolut zuverlässig und dennoch blütenreich sind Fleißige Lieschen. Mit verschiedenen Formen und Farben beleben sie ähnlich wie auch die Fuchsien. Je nach Wuchsform kann man Flächen bedecken oder mit Büschen oder Hochstämmchen in Beeten für Abwechslung sorgen. Ein wahres Talent für den Schatten ist die Schneeflockenblume *(Sutera)*. Die dichten Polster breiten sich in Töpfen und auf dem Gartenboden rasch aus. So entsteht eine dichte Pflanzendecke.

Zudem darf man nicht übersehen, dass viele Sommerblumen mit Empfehlung für die Sonne auch im Halbschatten gut klarkommen. Ziertabak, Verbenen, Männertreu und Hornveilchen brauchen keine 12 Stunden Sommersonne, um ihre Schönheit voll zu entfalten.

Bei der Direktsaat werden die Samen gleich ins Beet gestreut und angegossen.

Aussäen macht in den meisten Fällen bei Sommerblumen keinen Sinn. Nur wenn man robuste Arten wählt, deren Samen direkt ins Beet gesät werden können, hält sich der Aufwand in Grenzen. Ausschlaggebend für die Entscheidung sind die Frosthärte und die Entwicklungsgeschwindigkeit der jeweiligen Art. Ringelblumen, Einjähriger Rittersporn und Kornblumen beginnen auch bei niedrigen Temperaturen im Frühling mit der Keimung. Frost verzögert das Wachstum, richtet aber keinen Schaden an. Daher kann man sie direkt ins Beet säen. Zur Vorbereitung sollte die Erde gut gelockert werden. Am besten mischt man gleich reife Komposterde unter, damit die Nährstoffreserven des Bodens aufgefrischt werden. Mit einem Dreizahn wird der Humus eingearbeitet und dabei das Erdreich gelockert. Das ist wichtig, damit die feinen Wurzeln der Keimlinge rasch Halt finden. Die Oberfläche des Beetes sollte sehr eben sein, damit beim Gießen nichts weggeschwemmt wird. Anschließend wird das Saatgut locker ausgestreut, mit einem Holzbrett angedrückt und mit Erde abgedeckt. Mit einer feinen Brause gießt man schließlich alles an. Die Fläche sollten Sie markieren. Mit einem Etikett werden Einzelstellen gekennzeichnet, mit Vogelsand streut man größere Bereiche ab. Die Fläche wird mit weißem Vlies abgedeckt. So schützt man die Saat vor gefräßigen Vögeln und sorgt zugleich für nicht zu starke Temperaturschwankungen zwischen Tag und Nacht. Die Sämlinge müssen vereinzelt werden, wenn sie sehr dicht nebeneinander stehen. Schwache Keimlinge zieht man einfach aus der Erde. Wenn die Pflanzen gewachsen sind, kann man auf das Vlies verzichten. Sobald sich drei bis vier Blattpaare entwickelt haben, düngt man die Pflanzen gezielt.

Pflanzware im Topf wird in der Regel erst nach den Eisheiligen (15. Mai) gepflanzt. Dabei sollte man auf kräftige, möglichst verzweigte Pflanzen achten. Dieses Merkmal ist wichtiger für einen schnellen Erfolg als eine einzelne Blüte, die bereits offen ist. Natürlich muss das Beet ebenfalls vorbereitet werden. Lockern und Unkraut entfernen stehen auf dem Programm, bevor man Komposterde oder Dünger untermischt. Verwenden Sie einen Langzeitdünger, dann können Sie das Thema Düngen getrost bis zum Hochsommer vergessen.

Die Sommerblumen wässert man vor dem Pflanzen gründlich in einer Wanne. So kann sich der Ballen ordentlich vollsaugen. Anschließend werden die Töpfe entfernt, und man setzt den Wurzelballen in die Erde. Achten Sie darauf, dass die Pflanzen nicht höher und nicht tiefer in der Erde sitzen als zuvor. Danach muss gründlich angegossen werden. Auch in den folgenden Wochen sollte man den Boden gleichmäßig feucht halten.

Die ersten Blüten sind ein Lichtblick, und endlich geht es in Sachen Garten und Sommer bergauf. In wenigen Wochen schließen sich die Lücken, weil sich die Triebe ausbreiten. Bleiben Sie immer bei der Sache, entfernen Sie Unkraut und knipsen Sie Verblühtes früh ab. So verhindern Sie, dass die Kraft in die Bildung von Fruchtständen geht und fördern die Entwicklung neuer Blüten.

Frisch eingesäte Flächen markiert man mit einem Etikett.

Schnelle Blütenpracht für einen Sommer

Name	Spinnenblume *(Cleome hassleriana)*	Einjähriger Rittersporn *(Consolida ajacis)*	Kosmee, Schmuckkörbchen *(Cosmos bipinnatus)*	Sonnenblume *(Helianthus annuus)*	Scharlach-Lobelie *(Lobelia x speciosa)*	Ziertabak *(Nicotiana x sanderae)*	Jungfer im Grünen *(Nigella damascena)*
Blütezeit	7 – 10	6 – 7; 7 – 8	6 – 10	7 – 10	6 –8	7 – 9	6 – 9
Höhe (cm)	80 –140	40 – 60	50–110	40 – 300	50 – 75	40 –100	30 – 50
Bemerkungen	Elegante Sommerblume mit fingerförmig gefiederten Blättern; Blüten in endständiger Traube, rosa, pink, violett oder weiß; auffällige, nadelartige Staubgefäße; bei Jungpflanze die Spitzen entfernen, um die Verzweigung zu fördern.	Zierliche, meist eintriebige Rispen, die dicht mit rosafarbenen, blauen oder weißen Blüten besetzt sind; Direktsaat ab Ende April möglich; man sollte im Abstand von 14 Tagen nachsäen, um die Blütezeit zu verlängern; schöne Trockenblume.	Reich verzweigte Sommerblume, kann direkt im Mai ins Beet gesät werden; einfache Schalenblüten in Rosa, Rot oder Weiß mit gelber Mitte; die Knospenbildung wird angeregt, wenn man Blüten für Blumensträuße schneidet.	Klassiker mit enormer Wuchskraft; die gelben Blütenblätter um die braune Mitte symbolisieren die Sonne. Viele verschiedene Sorten, die sich in Blütenfarbe, Füllung, Blütengröße und Höhe unterscheiden; Direktsaat möglich.	Aufrechte Rispen mit roten oder rosafarbenen Blüten; Blätter und Stiele meist rötlich überhaucht; anspruchslos und robust, bevorzugt frische bis feuchte Böden; verträgt auch halbschattige Plätze; Vorkultur ideal; Blickfang im Topf.	Zahlreiche, sternförmig anmutende Blüten an aufrechten Stielen; das Farbspektrum reicht von hellen Pastelltönen in Gelb, Rosa und Grün bis zu kräftigem Rot und Rosa; erst nach den Eisheiligen ins Freie pflanzen; warme Plätze bevorzugen.	Kornblumenblaue Blüten zwischen nadelartigen Blätterbüschen, später blasenartige Früchte mit braunroten Streifen; lockere, leichte Erscheinung, wundervoller Lückenfüller; Direktsaat von März bis Mai ist ideal.

Name	Wunderbaum *(Ricinus communis)*	Sonnenhut *(Rudbeckia hirta)*	Buntschopfsalbei *(Salvia viridis)*	Feinblättrige Studentenblume *(Tagetes tenuifolia)*	Mexikanische Sonnenblume *(Tithonia rotundifolia)*	Raue Verbene *(Verbena rigida)*	Schmalblättrige Zinnie *(Zinnia angustifolia)*
Blütezeit	8 – 10	7 – 9	6 – 10	7 – 10	7 –10	6 – 10	7 – 9
Höhe (cm)	200 – 300	40 – 90	20 – 30	20 – 40	50 – 180	25 – 40	20 – 30
Bemerkungen	Seine Wuchskraft macht ihn zu einem Wunder und unverzichtbar, wenn es fix gehen soll! 30 bis 90 cm große, handförmige Blätter zunächst rot, später grün; rötlichbraune beziehungsweise gelbliche Blüten; gut düngen, warmer Standort.	Blüten wie kleine goldgelbe Sonnen, zum Teil mit braunroter Zeichnung auf den Zungenblüten, typisch hoch gewölbte, schwarzbraune Mitte; vorgezogene Pflanzen sind selbst im Hochsommer noch ein gutes Mittel gegen Blütenarmut.	Farbige Hochblätter an den Blütenähren verstärken die Farbintensität der Blüten; in Weiß, Rosa und Violett; lockere Böden; Anzucht aus Samen ab März auf der Fensterbank; Verblühtes abschneiden, um die Blütenbildung anzuregen.	Zierlicher Lückenfüller mit orangefarbenen, gelben oder rotbraunen Blütenkörbchen; schlichte Schönheiten, die sich als Lückenfüller eignen; entwickeln sich fix zu kräftigen Büschen; Schneckenschutz für Jungpflanzen.	Buschige Sommerblume mit orangeroten Margeritenblüten an den Stielenden; Jungpflanzen mehrfach entspitzen, damit sich viele Verzweigungen bilden; gute Nährstoffversorgung ist wichtig, bei Trockenheit wässern.	Fliederfarbene Blüten in endständigen Köpfchen, buschige Horste mit sparriger Verzweigung; Wärme liebend; im Jugendstadium stutzen, um die Verzweigung anzuregen; passt gut zu Stauden; in milden Wintern zum Teil ausdauernd.	Niedrige, kleinblumige Art mit sternförmigen weißen oder dezent orangegelben Blüten; bildet kugelige Büsche; sonnige, warme Plätze bevorzugt; hübsch als Einfassung am Weges- oder Beetrand, guter Lückenfüller.

Satte Farben und sanfte Töne aus tollen Knollen

Auf den Blütenwogen von Vergissmeinnicht schweben unzählige Tulpenkelche.

Ganz fix gelingt das Gärtnern mit Knollen- und Zwiebelblumen, denn die dicken, unterirdischen Speicherorgane sind natürliche Instantlösungen für eine reiche Blüte. Dabei sind die Gründe für die rasche Entwicklung weniger in der Ungeduld der Natur als in widrigen Wachstumsbedingungen zu suchen. Lange Trockenperioden und sommerlicher Schatten haben zur Entwicklung der einzigartigen Zwiebeln und Knollen geführt, die heute das Gärtnern ungemein erleichtern. Im Herbst gepflanzt, blühen Tulpen, Narzissen und ganz viele andere Frühlingsblüher ab März in den Beeten. Voraussetzung für das Gelingen ist eine gute Qualität der Zwiebeln. Man erkennt sie an einer gesunden, braunen Schale und einer der Art entsprechenden Größe. Beim Kauf im Oktober sollten die Zwiebeln noch nicht ausgetrieben haben.

Zum Winterende erscheinen die ersten Blüten in den Beeten. Winterlinge und Schneeglöckchen bereiten der Tristesse der kalten Jahreszeit ein frühes Ende. Zwar handelt es sich bei den unverfrorenen Blühern um Zwerge, aber wenn man sie an einen Platz im direkten Blickfeld setzt, kann man sie nicht übersehen. Krokusse im Vorgarten, Schneeglöckchen vor dem Wohnzimmerfenster und Winterlinge unter den Sträuchern an der Kellertreppe – so sind die ersten Frühlingsaussichten garantiert blumig.

Im März beginnt es dann, richtig bunt zu werden. Narzissen und Hyazinthen, Anemonen und Zwiebeliris zeigen dem Garten, was möglich ist in Sachen Farbe. Und je weiter man dann im Kalender blättert, desto höher werden die Blütenstiele. Kaiserkronen und Tulpen geben den Beeten bereits eine vertikale Gliederung. Und zugleich haben die Blüten eine beachtlich Fernwirkung. Für die Gestaltung braucht es eine gewisse Vorstellungskraft beim Pflanzen. Natür-

Narzissen beenden mit ihren leuchtenden Blüten die Wintersaison

Tulpen Die Klassiker des Frühlings in neuen Modefarben

lich kann man ein Blumenbeet auch in eine goldgelbe Narzissenwiese verwandeln oder die Baumscheiben mit einem Meer von Traubenhyazinthen schmücken. Für die Kombination verschiedener Zwiebelblumen setzt man jedoch auf Farbharmonien. Gelbe Tulpen und Krokusse sowie weiße Hyazinthen wirken wie eine Sonnenkur. Weiße Narzissen, Blausternchen und blaue Hasenglöckchen ergänzen sich und lenken von dem noch im Winterschlaf befindlichen Staudenbeet ab.

Es empfiehlt sich, immer auch ein paar **Zweijahrsblumen** in die Pflanzung einzuplanen. Sie verlängern die Blütezeit um einige Wochen und können problemlos im zeitigen Frühjahr als fertig angezogene Pflanzen in die Lücken gepflanzt werden. Man muss im Herbst nur markieren, wo die Zwiebeln liegen. Vergissmeinnicht und Bellis, auch als Maßliebchen bekannt, sowie Hornveilchen und Stiefmütterchen ergänzen das Frühlingstreiben der Zwiebelblumen perfekt und geben beispielsweise dem Vorgarten eine blumige Note.

Getoppt wird die rasche Lösung namens Zwiebelblumen nur durch die Gärtner. Sie bieten im Frühling vorgetriebene Zwiebeln an. Dadurch kann derjenige, der den Pflanztermin für Zwiebelblumen im Herbst verpasst hat, sogar im Frühling noch Tulpen, Krokusse und Hyazinthen in die Beete setzen. Die Pflanzen bekommt man in jedem Gartencenter. Natürlich muss man sehen, dass die fast blühenden Zwiebelblumen etwas kostspieliger sind als die losen Zwiebeln in der Tüte, aber in jedem Fall ist die Blühgarantie gegeben. Zugleich kann man damit akute Ungeduld behandeln. Wer das Frühlingserwachen der mehrjährigen Gartenblumen nicht abwarten will, nutzt Lücken oder Freiflächen, um den Lenz frühzeitig im Garten begrüßen zu können.

Beim Pflanzen sollte man zwei Dinge beachten: Die frisch gepflanzten, in Knospe stehenden Zwiebelblumen müssen bei Trockenheit gegossen werden. Die Wurzeln haben noch keinen direkten Bodenschluss mit dem Erdreich. Zudem sollte man mit Frostperioden behutsam sein. Die angetriebenen Pflanzen kommen aus Gewächshäusern, in denen die Temperaturen immer ein paar Grad über den Außentemperaturen sind. Bei sehr tiefen Temperaturen schützt man die Zwiebelblumen daher mit einem Pappkarton oder Eimer. Die Neupflanzung sollte man auf jedem Fall bei Temperaturen über Null Grad Celsius vornehmen.

Im Topfgarten werden die Zwiebelblumen auch herzlich willkommen geheißen. Entweder man holt sich einen Tuff mit Schneeglöckchen kurz vor der Blüte in den Topf, oder man legt die Zwiebeln im Herbst schon in die Gefäße. Vor gefrässigen Nagetieren und großer Trockenheit im Spätwinter muss man die Töpfe bewahren. Und natürlich kann man gleichzeitig noch ein paar von den Zwiebeln als Reserve in ausgediente Plastikcontainer legen. Wenn man die treibenden Töpfe im Frühling eingräbt, werden Lücken schnell und zugleich kostengünstig geschlossen.

Schneeglöckchen in Töpfen verheißen einen malerischen Frühlingsauftakt.

Perfekt kombiniert

Zwiebelblumen können als Solisten im Frühling einen glänzenden Auftritt geben und zeigen sich zugleich gesellig. Wie man die einzelnen Arten verwendet, hängt meist von ihrer Blütengröße und der Form des Blütenstandes ab. Man kann sich auch an natürlichen Beispielen in Wäldern und Wiesen orientieren.

Teppiche, die sich über weite Flächen ausbreiten, sind für Anemonen, Elfenkrokusse und Winterlinge typisch. Narzissen, Schneeglöckchen und Krokusse trifft man in Tuffs an, die als kräftige Farbkleckse ins Auge fallen. Mit Traubenhyazinthen lassen sich wundervolle Bänder gestalten. Die eintriebigen Tulpen, Hyazinthen und Kaiserkronen ragen einzeln in die Höhe und sollten immer mit anderen Zwiebelblumen oder Frühlingsblühern wie Primeln und Vergissmeinnicht kombiniert werden.

1. **Tulpen und Scilla** Blausternchen tanzen zwischen den weißroten Tulpenkelchen.
2. **Strahlenanemonen** wirken am schönsten als ausgedehnter Teppich.
3. **Frühlingskrokus** Ein goldgelber Farbklecks leuchtet auch bei bedecktem Wetter im Beet.
4. **Hyazinthen-Duo** Blaue Trauben- und Dufthyazinthen ergänzen sich malerisch.

TIPP

Suchen Sie ein geschütztes Eck

An einem Platz, wo sich die Erde schnell erwärmt, wachsen auch die Zwiebelblumen rasch. In Hausnähe, in der Sonne und mit Hilfe einer dunklen Mulchdecke kann man den Austrieb der Frühlingsblüher beschleunigen.

Im Herbst wird gepflanzt

Zwiebeln und Knollen sind im September und Oktober in einer Ruhephase. Das ist der ideale Zeitpunkt zum Pflanzen. Die Blütenanlagen für den Frühling sind bereits angelegt, und wenn die dicken Speicherorgane wieder in die Erde kommen, bilden sie Wurzeln. Nach dem Winter sprießen dann Blätter und Blüten.

Vorbereitung bedarf die Pflanzaktion im Grunde nicht. Es reicht aus, wenn man den Boden im Pflanzloch mit dem Handspaten lockert. Für sehr schwere Böden sollte man einen Eimer Quarzsand bereithalten. Der Sand wird auf den Boden des Pflanzlochs gegeben, damit die Unterseite der Zwiebel nicht zu nass steht. Sonst gibt es Fäulnis. Die etwas abgeflachte Seite der Zwiebel wird übrigens als Unterseite bezeichnet. An ihr bilden sich die Wurzeln, meist haften an der Pflanzware auch noch ein paar vertrocknete Wurzeln.

Die Pflanztiefe hängt von der jeweiligen Größe ab. Als Faustformel gilt: Die Zwiebel sollte zwei bis drei Mal so tief in der Erde sitzen, wie sie hoch ist. Bei einer kleinen Schneeglöckchen-Zwiebel sind das etwa 5 bis 6 Zentimeter, eine dicke Hyazinthenzwiebel muss entsprechend 12 bis 15 Zentimeter tief gelegt werden. Wenn man in ein Pflanzloch mehrere verschiedene Arten setzt, hebt man die Erde ausreichend tief aus und setzt die kleineren Zwiebeln auf einen kleinen Sandhügel, um die Höhe auszugleichen. Nach dem Pflanzen kann man die Zwiebeln angießen, sofern die Witterung trocken ist.

Etiketten oder Stöckchen helfen, dass man im Frühling noch weiß, wo sich die ersten grünen Nasen zeigen werden. Außerdem sollte man in einem trockenen Winter oder Frühjahr vor allem die etwas mehr Feuchte liebenden Narzissen gießen. Anderenfalls trocknen die Knospen während der Entwicklung ein.

1. **Start in den Lenz** Im Herbst werden Zwiebeln angeboten.
2. **Das Pflanzloch** wird mit dem Spaten ausgehoben und der Grund gelockert.
3. **Auf ein Sandbett** legt man die Zwiebeln.
4. **Sand und Aushub** werden aufgefüllt.
5. **Tulpen und Primeln** ergänzen sich zu einem hübschen Farbfleck.

TIPP

Nach dem Vorbild der Natur

Verwilderte Zwiebelblumen wachsen verstreut. Der Eindruck lässt sich imitieren: Nehmen Sie eine Hand voll Zwiebeln, werfen Sie diese über dem Beet in die Luft. Sie werden dort gepflanzt, wo sie landen.

Lilie, Dahlie & Co. versprechen sommerliche Blütenträume

Vor Zierfenchel entfalten Dahlien ihre orangeroten Kaktusblüten, verstärkt durch Scharlachlobelien.

Die Fortsetzung

der Zwiebelblumenpracht des Frühlings folgt im Frühsommer. Zierlauch und Lilien schließen sich nahtlos an die letzten Tulpen an. Dahlien, Gladiolen und Indisches Blumenrohr brauchen meist ein paar Wochen länger. Sie sind nicht winterhart, und die Knollen kommen erst nach den Eisheiligen Mitte Mai in die Erde. Vor diesem Hintergrund geht die Entwicklung dann aber ganz schnell, und man kann sich auf wochenlange Blütenpracht freuen. In leuchtenden Farben und mit den verschiedenen Blütenformen kann man also noch im Mai ein Sommerbeet anlegen. Ihre Freunde werden bewundern, wie Sie das so schnell hingekriegt haben!

Mehrjährige

Zwiebelblumen für die Sommermonate werden in der Regel auch im Herbst gepflanzt. Die hohen violetten Kugelblüten des Zierlauchs, die Trompeten der Lilien und feuerrote Montbretien machen sich gut als Ergänzung von Stauden und Rosen. Die markanten Blütenstände setzen Akzente, die Vielfalt verheißen. Zugleich stillen diese Blüten die Ungeduld, wenn Türkenmohn, Pfingstrosen und Schwertlilien in den ersten Jahren noch nicht die volle Größe und Fülle haben.

Die nicht winterharten Arten wie Dahlien und Gladiolen ergänzen sich gut mit Sommerblumen, zumal man sie etwa gleichzeitig pflanzt. Ähnliche Farben und klare Kontraste im Zusammenspiel zeugen von einer sensiblen Planung, die ihre Wirkung nicht verfehlt. Und das Indische Blumenrohr hat einen so kraftvollen Wuchs, dass es auch als Solist oder Kübelpflanze auf der Terrasse keine Langeweile aufkommen lässt, zumal die Blätter wie vor allem bei der Sorte `Tropicana´ reizvoll gezeichnet sind.

Die Pflanzung

erfordert kein großes Geschick. Das Pflanzloch wird so tief ausgehoben, dass die Knollen und Zwiebeln gut mit Erde bedeckt werden und nichts herausschaut. Bei Dahlien sollte man mit dem Dünger etwas sparsam sein, denn auf einem nährstoffreichen Boden werden weniger Blüten gebildet, weil die Pflanze dann erstmal den Speicher in den Knollen auffüllt. Eintriebige Gladiolen und Dahlien sollten aufgebunden werden, damit ein Sommergewitter den Schönheiten nichts anhaben kann.

Lilien: Die großblumigen Zwiebelpflanzen wirken durch die Eleganz ihrer Blüten sehr edel. Es gibt verschiedene Arten mit aufrechten oder hängenden Blüten, die zum Teil süßlich duften. Sie sind eine wundervolle Ergänzung zu Rosen, vor allem wenn deren Blüte in den ersten Jahren spärlich ist. Die Blütenfarben reichen von Weiß über Gelb bis hin zu Rot- und Rosatönen. An einem halbschattigen oder leicht sonnigen Platz fühlen sich Lilien wohl. Nicht alle Arten sind winterhart: Die Frühjahrspflanzung ist also günstiger, und im Herbst sollte man an den Winterschutz denken.

Zier-Lauch: Mit großen, violettblauen Paukenschlägern schmücken sich Riesen-Lauch und Iran-Lauch im Frühsommer, später zieren die Fruchtstände. Die Zwiebeln werden bereits im Herbst gepflanzt.

Colchicum: Den Tuffs der Herbstzeitlosen gehört der Spätsommer. Pflanzzeit ist wie für herbstblühende Krokusse der Hochsommer.

Canna: Im Mai werden die Rhizomknollen ins Beet oder in den Kübel gepflanzt. Rasch entwickeln sich die dekorativen Blätter und in der sommerlichen Wärme auch die gelben, roten oder orangefarbenen Blüten.

Dahlien: Sie haben Knollen. Man kann sie im Herbst vor dem ersten Frost ausgraben. Im Winter lagert man sie in einer Kiste mit Sägemehl im Keller.

TIPP

So blühen Dahlien ein paar Wochen früher

Dahlienknollen bereits Anfang April in hohe Gitterkörbe pflanzen und sonnig aufstellen. Bei Frost unbedingt Pappkartons darüber stülpen. Im Mai die getriebenen Dahlien mit Korb pflanzen.

Mit Stauden werden Blütenträume wahr

Blaue und gelbe Blüten prägen die frühsommerliche Stimmung im Beet.

Die Popularität von mehrjährigen Gartenblumen, also Stauden, war selten so groß wie heute. Ausgedehnte Rabatten nach englischem Vorbild gehören fast schon zum Pflichtprogramm. Und doch liegt das Aber schnell auf der Zunge – Zeit und Erfahrung sind die Voraussetzungen. Klar, die Gestaltung braucht etwas Übung. Sie stellt sich mit den ersten Erfolgen von selbst ein. Deshalb sollte man am Anfang zwei Dinge beherzigen. Erstens: Fangen Sie mit den Arten an, die wirklich schnell durchstarten. Katzenminze, Frauenmantel und Spornblume lassen nicht lange auf sich warten und hinterlassen bereits im ersten Jahr einen ganz passablen Eindruck. Zweitens: Gönnen Sie sich für ein paar Quadratmeter den Luxus von Stauden im Großcontainer. Die haben einen ordentlichen Vorsprung vor der normalen Pflanzware im 8-er oder 9-er Topf. Zeit zum Entwickeln hatten diese Schönheiten beim Gärtner. Im Garten müssen sie sich nur noch miteinander verweben.

Gestalten mit Stauden beruht vor allem auf der Farbenlehre, wobei man auch Standortansprüche und Blüheigenschaften genau unter die Lupe nehmen muss. Das heißt: Die ausgewählten Pflanzen müssen mit der jeweils gegebenen Lichtsituation, also Sonne, Halbschatten oder Schatten, klarkommen. Ebenso muss der Boden den Bedürfnissen der Stauden entsprechen. Für die optische Gestaltung müssen Blütezeiten und Höhen in Einklang gebracht werden. Legen Sie zunächst einen zeitlichen Höhepunkt sowie eine bestimmte Farbkonstellation fest, und orientieren Sie sich bei der Pflanzenauswahl an diesen Aspekten. Im Detail müssen dann nur noch die Höhen und Wuchsformen in Einklang gebracht werden.

Sommerblumen und Zwiebeln in den Lücken versprechen einen größeren Etappenerfolg im ersten Jahr, wenn man die Kosten für große Stauden scheut. Sie verheißen nicht nur Blütenpracht, sondern senken auch den Arbeitsaufwand.

Schließlich verhindern Sonnenhut, Malven und Mehlsalbei, dass sich Unkräuter in den Zwischenräumen breit machen, und sie schattieren den Boden. So verdunstet weniger Wasser, und es kann sich ein gesundes Bodenleben einstellen.

Natürlich wirkt die Kombination besonders gut, wenn man darauf achtet, dass sich ein harmonisches Zusammenspiel mit den Farben und Formen der Stauden ergibt. Da großblumige Prachtstauden wie Pfingstrosen und Schwertlilien immer ein paar Jahre Anlaufzeit benötigen, kann man mit Hilfe von Dahlien in den ersten Jahren ein paar kraftvolle Blütenakzente ergänzen. Eine löchrige Kulisse lässt sich mit Kosmeen und zweijährigen Stockrosen schließen. Für die vorderen Beetränder eignen sich schmalblättrige Zinnien und Leberbalsam, während in der Beetmitte Ringelblumen und verschiedene Arten der Verbenen ganz zuverlässig für Blütenschmuck sorgen.

1. **Sommerromantik**
Hohe Verbenen und rosa Nachtkerzen umspielen das rotblättrige Sedum.

2. **Blütenglück**
Einjährige Ringelblumen unterstützen Sonnenhut und Sonnenbraut.

3. **Rosarote Wolken**
Lavendel und Indianernessel vor Kosmeen.

So wählen Sie die richtigen Pflanzabstände

Die Flächen werden gemäß dem Pflanzplan mit Sand auf das Beet übertragen und die Stauden verteilt. So kann man die Abstände leicht korrigieren

Einjährige Lückenfüller

Deutscher Name	Botanischer Name	Blütezeit	Höhe (cm)	Bemerkungen
Kalifornischer Mohn, Goldmohn	*(Eschscholzia californica)*	6–9	30–40	orangerote oder safrangelbe Blüten; sät sich selbst aus
Schleifenblume	*(Iberis umbellata)*	6–8	20–30	schirmförmige Blütenstände in Pastelltönen; Direktsaat möglich
Muschelblume	*(Moluccella laevis)*	7–10	60 – 90	glockenförmige, frischgrüne Kelchblätter; fügt sich gut ein
Einjähriger Sommerphlox	*(Phlox drummondii)*	6–9	30–40	sternförmige Blüten in Pink, Rosa, Flieder, Weiß; dichte Blütenstände
Greiskraut	*(Senecio bicolor)*	7–9	20 – 40	Blüten unbedeutend; silbrige, gezähnte Blätter an kleinen Büschen
Hornveilchen	*(Viola cornuta)*	4–10	10 – 20	dichter Blütenbesatz in Lila, Weiß, Gelb, für Beetränder

Vermeiden Sie den großen, aber leider häufig gemachten Fehler und beherzigen Sie den Rat, empfohlene Pflanzabstände (z. B. Seite 63) einzuhalten. Jede Staude nimmt mit der Zeit eine bestimmte Fläche ein. Diese wird in Stückzahl pro Quadratmeter angegeben, ausgehend von der normalen Einkaufsgröße einer Pflanze. Wer meint, drei Jungpflanzen entsprechen einer Staude im Großcontainer und sich ausrechnet, dass er damit schneller ans Ziel kommt und dabei auch noch 3 Euro 50 spart, der ist auf dem Holzweg. Die Pflanzendecke wirkt im ersten Jahr dichter, aber mehr Blüten wird man nicht zählen. Die Stauden sind ja noch jung. Im zweiten, dritten Jahr kommt die böse Überraschung: Die Stauden stehen so dicht, dass sie sich gegenseitig behindern und verdrängen. Die Hälfte muss entfernt werden und landet auf dem Kompost. Gespart ist dann nichts.

Der Pflanzplan leistet nicht nur beim Entwurf, sondern auch beim Übertragen auf die eigene Gartensituation gute Dienste und sollte Sie stets begleiten. Auch beim Einkauf hat man ihn dabei, denn so kann der Fachberater bei der Stückzahl für die einzelnen Flächen helfen und Tipps zur Pflanzenauswahl geben.

Stauden, die garantiert schnell heranwachsen

Name	Duftnessel (*Agastache foeniculum*)	Frauenmantel (*Alchemilla mollis*)	Färberkamille (*Anthemis tinctoria*)	Akelei (*Aquilegia vulgaris*)	Waldaster (*Aster divaricatus*)	Spornblume (*Centranthus ruber*)	Mädchenauge (*Coreopsis verticillata*)
Blütezeit	7–9	6–8	5–9	5–6	8–10	6–9	7–9
Höhe (cm)	70–80	30–40	40–100	20–70	40–75	60–70	30–80
Bemerkungen	Violette bis purpurne Blütenrispen stehen über den nesselartigen Blättern. Diese anspruchslosen Pflanzen bilden bereits im Jahr der Aussaat einen ansehnlichen Horst. Ideal für sonnige bis halbschattige Plätze.	Ein Klassiker im Staudengarten, mit winzigen, grünlichgelben Einzelblüten in lockeren Trauben. Die Horste passen sich jeder Lichtsituation an. Nach der ersten Blüte kräftig zurückschneiden. Blätter treiben frisch aus.	Stark wachsende, unkomplizierte Schönheit mit verschiedenen Sorten, die in Höhe und Blütenfarbe variieren. Margeritenartige Blüten. Ein Rückschnitt im Sommer fördert die Bildung von Bodentrieben.	Natürliche Staude für den Frühsommer. Die gespornten Blüten stehen auf verzweigten Stielen. Gedeiht gut im Halbschatten. Die Pflanzen säen sich aus und die Blattrosetten fügen sich ganz unkompliziert in das Beetgefüge ein.	Die dichten Horste entstehen aus reich verzweigten Trieben. An den Enden sitzen die sternförmigen Blüten. Entwickelt sich schnell und setzt im Spätsommer einen hübschen Akzent. Eignet sich auch für halbschattige Gartenbereiche.	Anspruchsloser Dauerblüher für kalkhaltige Böden. Die himbeerroten Blüten bilden kuppelförmige Rispen. Schneidet man Verblühtes regelmäßig ab, treiben die ganzen Sommer neue Knospen. Sät sich selbst aus.	Goldgelbe Strahlenblüten an reich verzweigten Trieben zwischen den nadelförmigen Blättern. Breitet sich durch kleine Rhizome schnell aus, wird aber nicht lästig. Besonders hübsch ist die Sorte 'Moonbeam' mit hellgelben Blüten.

Name	Blut-Storchschnabel (*Geranium sanguineum*)	Buschmalve (*Lavatera olbia*)	Katzenminze (*Nepeta x faassenii*)	Ziersalbei (*Salvia verticillata* 'Purple Rain')	Blumensedum (*Sedum telephium*)	Goldrute (*Solidago*-Hybride)	Bunte Margerite (*Tanacetum coccineum*)
Blütezeit	5–8	6–10	6–10	6–11	8–11	7–10	5–6
Höhe (cm)	10–50	180–200	20–60	30–40	30–60	50–80	30–70
Bemerkungen	Pinkfarbene Schalenblüten zwischen den tief gebuchteten Blättern. Die trockenheitsliebende Staude bildet breite Büsche, die sich auf den Boden legen und nach der ersten Blüte zurückgeschnitten werden. Leuchtende Herbstfärbung.	Stattliche, reich verzweigte Büsche mit Trichterblüten in zartem Rosa oder kräftigem Pink, die im Laufe des Sommers immer zahlreicher werden. Leider nicht zuverlässig winterhart, daher im Frühjahr pflanzen. Winterschutz!	Duftige Büsche mit lavendelblauen Blüten entwickeln sich rasch. Wer im ersten Jahr die Verzweigung fördern will, schneidet die Frühlingstriebe zurück, bevor sich Knospen zeigen. Im Sommer Verblühtes abschneiden.	Lockere, quirlförmige Blütenstände über flauschig weichen Blättern. Die Pflanze wächst den ganzen Sommer und breitet sich aus, ohne lästig zu werden. Schneiden Sie abgeblühte Triebe weg, um den Neuaustrieb anzuregen.	Vieltriebige Büsche, die sehr regelmäßig wirken. Bereits im Sommer deuten sich die tellerförmigen Blütenstände an, die sich im August allmählich rosa färben. Ideal für sonnige Beete und durchlässige Böden. Verschiedene Sorten.	Robuste Staude, die auf jedem Boden gedeiht. Die Blüten bilden sich in endständigen Rispen, die leicht überhängen. Dadurch wirken sie dynamisch. Die nicht immer standfesten Horste entwickeln sich rasch. Viele Sorten im Handel.	Kurzlebige Staude, die sich schnell entwickelt. Rote und rosafarbene Margeritenblüten. Sonnige, nährstoffreiche Staudenbeete werden bevorzugt. Nach der Blüte schneidet man die Horste zurück.

Auf Rosenschönheiten müssen Sie nicht verzichten

Die Kletterrose `New Dawn´ legt ihre Triebe wie ein Dach über den Sitzplatz.

Der Stellenwert von Rosen im Blumengarten ist hoch. Die uralte Kulturpflanze wird als Königin der Blumen gepriesen. Wenn man sich die verschiedenen Wuchsformen und endlosen Sortenlisten ansieht, wächst die Verlockung. Gleichzeitig liegt es nahe, dass man einer Rose eine gewisse Eingewöhnungszeit zugestehen muss. Schon eine einzige Blüte lässt Stolz aufkommen, weckt aber auch den Wunsch nach größerer Blütenfülle. Wenn die Ungeduld schon in den Fingern kribbelt, sollte man auf junge, wurzelnackte Pflanzware verzichten. Es empfiehlt sich, ausschließlich Containerpflanzen zu verwenden. Das Schöne dabei ist, dass diese sogar zur Blütezeit im Juni und Juli in stattlicher Größe angeboten werden.

Vorbildlich kann man mit Hochstammrosen den Garten verzaubern. Diese besondere Wuchsform entsteht durch Veredlung gängiger Sorten auf einen gerade gewachsenen, unverzweigten Rosentrieb, der den Stamm ergibt. Die Blütentriebe bilden eine aufrechte Krone oder hängen kaskadenförmig herab. Hochstämmchen haben eine senstionelle Blütenfülle, wenn sie in den Handel kommen. Zugleich ist die zwischen 60 und 120 Zentimeter hohe Pflanze bereits eine ausgewachsene Rose. Es wird sich, abgesehen von einer leicht in die Breite wachsenden Krone, kaum eine Veränderung in der Größe ergeben. Damit ist das Hochstämmchen die perfekte Instantlösung.

Die Qualität von Containerrosen stellt für den anhaltenden Erfolg eine Grundlage dar. Beim Einkauf sollte man daher neben dem optischen Wert der Blüten beachten, dass die Triebe gleichmäßig und reich verzweigt sind. Achten Sie darauf, dass die Rinde vor allem im Bereich der Veredelungsstelle intakt und gesund aussieht.

Kaskadenrose
Die Triebe hängen mit ihren Blüten elegant über

Hochstammrose
So bekommt das junge Gartenglück einen Höhepunkt

Das wichtigste Merkmal verbirgt sich im Topf. Rosen bilden lange, gerade nach unten wachsende Wurzeln. Deshalb sollten die Pflanzen grundsätzlich in einem hohen Topf stehen. Beult sich dieser seitlich aus, stehen die Pflanzen zu lange im Gefäß. Ebenso dürfen die dicken Wurzeln nicht schon lang aus dem Topfboden hängen. Wer sich vor dem Einkauf von der Ware überzeugen will, lässt sich die Pflanze vom Gärtner austopfen. Drängen sich die Wurzeln spiralig über dem Topfboden, lässt man die Finger von den Pflanzen.

Beim Pflanzen

muss man den langen Wurzeln ein ausreichend tiefes Pflanzloch graben. Und damit diese rasch einwachsen, lockert man den Grund des Pflanzlochs mit der Grabegabel. Der Aushub wird mit Komposterde und Dünger gemischt, damit der Start leicht fällt. Bei den blühenden Rosen ist es ganz wichtig, dass man sie im ersten Sommer regelmäßig wässert, da sich ihre Wurzeln noch nicht aus der Tiefe versorgen können.

Rosenbegleiter

1. \`Charles de Mills´
   Die Buschmalve täuscht Blütenfülle vor.

2. \`Schneewittchen´
   Die rotlaubige Heuchera lässt das Weiß leuchten.

3. \`Mariandel´
   Klatschmohn unterstützt die roten Rosenblüten.

Bewährte Rosensorten

	Name	Blütezeit (Monate)	Höhe (m)	Bemerkungen
	Kletterrose 'Sympathie'	6–9	4–5	Den ganzen Sommer erscheinen gut gefüllte, duftende Blüten. Meist stehen sie in Büscheln. Im Herbst leuchten orangerote Hagebutten, wenn man die Blüten nicht ausputzt.
	Strauchrose 'Schneewittchen'	6–9	1–1,2	Diese Rose blüht unermüdlich, und die weißen, gefüllten Blüten sind regenfest. Ihre Triebe hängen leicht über. Die Sorte ist nicht sehr frosthart und braucht einen geschützten Platz.
	Bodendeckerrose 'Ballerina'	6–9	1–1,5	Die rosafarbenen Blüten ziert ein weißes Auge. Sie sind ungefüllt und sitzen in dichten Büscheln nebeneinander. Eignet sich gut für Böschungen und bereichert Staudenbeete.
	Beetrose 'Friesia'	6–9	0,4–0,6	Floribunda-Rose mit leuchtend gelben, wetterfesten Blüten. Diese stehen in Büscheln und duften gut. Der Dauerblüher braucht einen nährstoffreichen Gartenboden.

Sickert das Wasser tief in den Boden, wird das Wurzelwachstum angeregt Daher mehrmals hintereinander gießen.

Die Rosenklassen

beschreiben vor allem die Wuchseigenschaften der einzelnen Sorten. Somit bekommt man einen guten Anhaltspunkt, um für die einzelnen Plätze eine passende Sorte zu finden. **Kletterrosen** brauchen ein Spalier, einen Obelisk oder einen Bogen, an dem sie emporwachsen können. Ihre Entwicklung kann man nicht beschleunigen. Wenn Sie bei der Kletterhilfe Mut zur Farbe zeigen, wird die Rose schnell zum Eyecatcher. Ein blauer Obelisk lässt die gelben Blüten der Sorte `Golden Showers´ leuchten. Ein burgunderroter Rosenbogen bietet den hellrosa Blüten von `New Dawn´ einen tollen Kontrast und verstärkt die Blütenfarbe.

Bodendeckerrosen breiten ihre Triebe breit und mehr oder weniger flach über dem Boden aus. Dadurch eignen sie sich für große Flächen. Bei Containerware kann man schon im ersten Sommer von einem Blüherfolg sprechen. Ganz wichtig ist, dass man auf mehrmals blühende Sorten zurückgreift, damit die Pracht eine Weile anhält.

Beet- und Strauchrosen

entwickeln sich langsam. Natürlich bringt eine Containerpflanze einen unübersehbaren Vorsprung, aber die Fülle wird sich erst im zweiten oder dritten Jahr optimal entfaltet haben. Das kostet Nerven. Hier hilft nur der Griff in die Trickkiste.

In der Regel werden **Beetrosen** nicht als Solisten gepflanzt. Also plant man in der Umgebung gleich ein paar Begleiter mit recht ähnlicher Blütenfarbe ein. Es können Stauden sein, die eine langjährige Verbindung eingehen. Man kann daraus aber auch eine Liebe für einen Sommer machen, indem man Einjährige oder sommerblühende Zwiebelblumen dazugesellt. Beispiele hierfür gibt es auf den Seiten 57 und 59.

Strauchrosen, die in Einzelstellung stehen, können Unterstützung durch Möbel oder Accessoires bekommen. Legt man ein Kissen mit floralem Design darauf, möglichst mit einem Rosenmuster, fällt die Flaute in Sachen Blüten im ersten Jahr fast nicht auf. Oder man rückt ein paar Kübelpflanzen dazu.

In flotter Gesellschaft

Zwei- und einjährige Gartenblumen sind die perfekten Begleiter im jungen Rosenbeet. Sie bauen rasch eine stattliche Figur auf und sorgen mit ihren Blüten für ansprechende Farbigkeit, sodass Ungeduld keine Chance hat und die Rosen Ruhe zum Einwachsen bekommen.

Bereits im Juni

sollten die Begleiter mit ihren ansehnlichen Blütenständen Farbe zeigen. Daher sind Zweijährige gut als Begleiter geeignet. Teilweise sind sie im Sortiment der Staudengärtnereien, wie Stockrosen, Fingerhut und meist auch Muskatellersalbei. In einer guten Zierpflanzengärtnerei bekommt man schon angezogene Marien-Glockenblumen und Bartnelken. Natürlich kann man sie im Juni auch selber aussäen, im August vereinzeln und in der zweiten Septemberhälfte an Ort und Stelle pflanzen. Dann heißt es aber wieder: Geduld.

1. – 4. Zweijährige Begleiter Stockrosen (1), Fingerhut (2), Marien-Glockenblume (3) und Muskatellersalbei (4) brauchen einen Winter, bis sich die Blattrosetten strecken und stolze Blütenstände in die Höhe ragen.

5. Clematis und Kletterrose Damit der Rosenbogen rasch eingewachsen ist, setzt man eine Waldrebe dazu.

TIPP

So blühen Zweijährige auch im 3. Sommer

Schneiden Sie die Triebe sofort nach der Blüte zurück. Es bleibt nur die Blattrosette stehen. So verhindern Sie das Absterben und können bei Stockrose und Fingerhut mit einer Fortsetzung rechnen.

Turbo-Stauden

(siehe Tabelle Seite 55) und Einjährige mit frühsommerlicher Blütezeit eignen sich als perfekte Rosenkavaliere. Vor allem Lücken zwischen Beetrosen und Bodendeckern lassen sich gut füllen. Die Blütenfarbe sollte entscheidenden Einfluss auf die Auswahl haben. Zu weiß blühenden Rosen pflanzt man weiße Spornblumen und Kosmeen. Goldgelber Rosenflor leuchtet mit Katzenminze oder gelben Ringelblumen. Die rosarote Rosenromantik wird von Blut-Storchschnabel und Löwenmäulchen unterstützt.

Clematis ergänzen das Blütentreiben von Kletterrosen perfekt. Ideal ist es natürlich, wenn man die Blüten-Akrobaten bereits im Herbst pflanzen kann, damit sie im Frühling direkt durchstarten. Damit es gleich richtig üppig wird, legt man die Triebe nach dem Pflanzen waagerecht an die Kletterhilfe, dann bilden Sie mehr Blüten aus.

Ruck, zuck schützt ein Blütenteppich vor Sonne

Teppich-Glockenblumen wachsen mit ihren Trieben ungestüm über die Mauer.

Offener Boden

hinterlässt immer einen unfertigen Eindruck. Viel schöner ist es, wenn statt brauner Erde das Zusammenspiel von Blättern und Blüten seine Muster malt. Bodendecker heißen die zuverlässigen Helfer für diese Situation. Schließlich schadet der unbedeckte Zustand dem Boden, besonders in der prallen Sonne. Trockenheit, UV-Strahlen und Erwärmung machen den Organismen des Bodens das Leben schwer, zerstören die intakten Systeme und Strukturen.

Zusätzlich werden Unkräuter dazu verleitet, sich schamlos auszubreiten. Wenn es mit dem Gärtnern und auch mit dem Wachsen der Pflanzen schnell gehen soll, dann stellen sich diese Probleme zeitraubend in den Weg. Besser ist es, mit einer Auswahl an hübschen Bodendeckern die Fläche zuwachsen zu lassen.

Der Zeitaufwand

für Bodendecker-Pflanzungen ist relativ gering. Die Stauden sind schnell in der Erde versenkt, denn es geht bei diesem Projekt nicht um Vielfalt. Aber keine Angst, so ein Beet muss kein Gähnen hervorrufen. Mit Hilfe von einzelnen Gräserhorsten, Zwiebelblumen und einer geschickten Mischung von Pflanzen bekommt die Bodendecke den notwendigen Pfiff und wirkt während der ganzen Saison ansprechend.

Dauerblüher sind verständlicherweise sehr beliebt. Teppich-Glockenblumen und Fingerkraut schmücken sich mehrere Monate mit Blüten. Neben den Blüten steht der Blattschmuck im Vordergrund. Die Form der Blätter prägt die Struktur. In der prallen Sonne wirken vor allem silberlaubige Decken aus Wollziest und niedriger Edelraute elegant.

Die Wuchskraft

der Bodendecker ist ganz unterschiedlich. Rasch, manchmal sogar ganz ungestüm, breiten sich Hornkraut und auch Stachelnüsschen aus. Kugelblümchen und Ehrenpreis decken dagegen eher kleine Bereiche ab. Wichtig ist, dass man ein möglichst gleichmäßiges Wachstum erreicht. Dabei spielt vor allem der Nährstoffgehalt des Bodens eine Rolle. Düngen Sie nur mäßig, denn ein zu schnelles Wachstum begünstigt Krankheiten. Das hat zur Folge, dass der Teppich löchrig wird. Ein Nachpflanzen gestaltet sich durch die Ansteckungsgefahr schwierig.

Pfiffige Decken

Bodendecker bieten sich nicht nur für die schnelle Pflanzendecke an, sondern schaffen originelle Bepflanzungsmöglichkeiten im Garten. Eine ganze Reihe von Polstern werden nämlich von ihren Blüten in satte Farbtupfer verwandelt, und zudem zeigt sich das Blattwerk widerstandsfähig. Lassen Sie sich überraschen.

Ornamente kommen in der Regel durch die Formen von Blättern und Blüten in den Garten. Mit Bodendeckern kann man sogar Muster auf die Erde malen. Verschiedene Formen der Römischen Kamille beispielsweise eignen sich gut, um in einem kreisrunden Beet ein Ying-Yang-Zeichen, eine Herz oder ein persönliches Symbol zu malen. Interessant ist der Aspekt, dass die Pflanze trittfest ist. Man kann mit ihr einen Weg durch ein breites Beet legen oder Trittflächen pflanzen, um die Arbeiten zu erleichtern. Als Alternative bietet sich das Fiederpolster an.

Einzelne Polster wachsen zwar nicht ganz so schnell wie Bodendecker, aber sie zeigen sich zur Blüte als farbige Tupfer, die ins Auge fallen. Es sind kleine Kissen mit großer Leuchtkraft. An Rändern, auf Kiesflächen und zwischen Steinen entsteht so schnell ein Blickfang. Niedrige Glockenblumen, Sonnenröschen und Nelken stellen sich farbenfroh in den Mittelpunkt des Geschehens und geizen nicht mit Blüten.

Magere Böden werden von den meisten Polsterpflanzen bevorzugt. Das heißt, mit Dünger sollte sparsam umgegangen werden. Blaukissen und Gänsekresse bekommen auf nährstoffreichen Böden ungewöhnlich große Blätter und sind schnell anfällig für Pilzkrankheiten. Vor dem Pflanzen mischt man etwas Sand oder Kies in die Erde, damit sie durchlässig wird. Große Kieselsteine eignen sich, um die Zwischenräume zu modellieren.

1. **Polsterthymian**
   Zwischen Steinen breitet sich der Polsterthymian aus. Wenn die rosaroten Blüten voll entfaltet sind, ist vom Grün der Blätter nichts mehr zu sehen.

2. **Stachelnüsschen**
   Das braunrote Laub bringt die kugeligen, roten Fruchtstände zum Leuchten. Mit leichten Erdmodellierungen entstehen dezente Muster.

TIPP

Komposterde bringt Polster zusammen

Streuen Sie im Herbst nicht nur in die Zwischenräume Komposterde, sondern auch in die Mitte der einzelnen Pflanzen. So gelangen die Nährstoffe direkt zu den Wurzeln und stärken den Neuaustrieb.

Der blühende Sieg über das Unkraut im Schatten

Blaues Gedenkemein und gelbe Waldsteinie begrüßen den Frühling.

Baumscheiben, Gehölzränder und Vorgärten zur Nordseite werden gerne wie Stiefkinder behandelt. Dabei ist es gerade in diesen Bereichen eine Sache von einem Nachmittag, sie zu bepflanzen. Man darf sich die Ziele nur nicht zu hoch stecken. Eine englische Staudenrabatte wird es nicht werden, aber mit Bodendeckern wirkt der Boden nicht mehr kahl, und vor allem im Frühjahr überraschen die Blüten von Schaumblüte, Elfenblumen und Beinwell. So ist die Tristesse rasch verflogen, und man hat sich eine Menge Arbeit erspart. Wer sich im Sommer nach einer Fortsetzung sehnt, der findet in den verschiedenen bodendeckenden Storchschnabel-Arten, Schlingknöterich und Teppich-Prachtspiere eine Lösung. Wobei man gerade im Schatten positiv hervorheben muss, dass es eine ganze Reihe von Bodendeckern gibt, deren Blätter hübsche Muster und Strukturen haben. Bodendeckende Funkien, die verschiedensten Efeu-Sorten und Spindelsträucher sorgen dezent für Abwechslung. Und dieser Zauber macht vor der kalten Jahreszeit nicht Halt. Immergrün macht seinem Namen alle Ehre. Ysander und selbst der wintergrüne Balkan-Storchschnabel beleben die Winterzeit. Damit es dann im Frühling, solange die Bäume noch kahl sind, immer recht blumig wird, plant man kleine Zwiebelblumen ein. Blausternchen und Winterlinge, Schneeglöckchen und Märzenbecher lockern die Pflanzung auf.

Zügig wachsen die Bodendecker, wenn man sie großflächig setzt. Ein langer Gehölzrand verträgt eine gewisse Abwechslung. Je mehr Platz man hat, desto leichter kann man für jede Jahreszeit einen Höhepunkt einplanen. Als Blickfang im Vorgarten lässt man die Flächen wie ein Patchworkmuster ineinander wachsen.

Die Pflanzenmenge pro Quadratmeter hängt von der Art ab, denn der Ausbreitungsdrang ist bei jeder Pflanze anders. In der Tabelle rechts sind die Stückzahlen jeweils angegeben. Legen Sie die Pflan-

Efeu
Immergrünes Laub, das den Boden rasch bedeckt

Spindelstrauch
Die gelben Blätter sind im Schatten ein Lichtblick

zen immer erst einmal auf dem Boden aus, wie es auf Seite 54 bei der Staudenpflanzung beschrieben ist. So lassen sich die Abstände gut korrigieren, und die Pflanzung schließt sich gleichmäßig ohne größere Lücken.

In der Pflege sind Bodendecker unkompliziert. Im Herbst bedeckt man die Fläche mit reifer Komposterde und sorgt so für eine Auffrischung der Nährstoffreserven. Welke Blätter und Blütentriebe, die im Herbst und Winter mit Raureif und Schneeflocken attraktiv aussehen, lässt man bis zum Frühling stehen. Man schneidet sie zusammen mit den wintergrünen Arten zurück.

Bei den Immergrünen entfällt diese Arbeit, da sie das Laub im Lauf des Jahres erneuern oder durch den frischen Austrieb überwachsen. Erst wenn sie zu dicht geworden sind oder unschön aussehen, schneidet man sie zurück. Besser gesagt, man mäht sie ab. Mit dem Rasentrimmer oder Kantenschneider lassen sich die Flächen fix und fachgerecht bearbeiten. Anschließend wird das Schnittgut mit dem Laubbesen aus der Pflanzung gefegt. Der optimale Zeitpunkt für den Rückschnitt hängt von der Blütezeit der einzelnen Art ab. In der Regel bringt man die Decken direkt im Anschluss an die Blüte wieder in Form. Sie treiben rasch und kräftig durch. Bei Frauenmantel und Storchschnabel empfiehlt sich ebenfalls ein Rückschnitt nach der Blüte: Der neue Austrieb sieht frisch aus, und meist gibt´s noch eine zweite Blüte.

Schnelle Bodendecker

Name	Blütezeit (Monate)	Höhe (cm)	Bemerkungen	
Teppich-Prachtspiere *(Astilbe chinensis* var. *pumila)*	7–8	25	In Sonne und Schatten breitet sich diese Blütenstaude aus. Die lilarosa Blütenkerzen sind kompakt. Ein humoser, nicht zu trockener Boden ist optimal. 12 Pflanzen pro m^2.	
Balkan-Storchschnabel *(Geranium macrorrhizum)*	6–7	30–40	Aromatisch duftende Blätter kennzeichnen den wintergrünen Bodendecker. Die Blüten sind je nach Sorte rotviolett, rosarot oder hellrosa. 15 Pflanzen pro m^2.	
Wald-Storchschnabel *(Geranium sylvaticum)*	6–7	40–50	Breite Horste bringen vertikale Strukturen in den Schatten. Die Pflanzen vertragen nach der Blüte einen radikalen Rückschnitt. Der frische Austrieb blüht nochmals. 8 Pflanzen pro m^2.	
Gefleckte Taubnessel *(Lamium maculatum)*	5–6	20	Hervorragender Bodendecker für kleine Fläche. Nach der Blüte wirkt das Laub dekorativ. Sorten mit violetten, hell- und dunkelrosa oder weißen Blüten. 16 Pflanzen pro m^2.	
Ysander *(Pachysandra terminalis)*	4–5	25–30	Immergrünes Multitalent mit gutem Wuchs. Die weißen, fedrigen Blüten setzen im Frühling einen Höhepunkt. Anschließend kann ein kräftiger Rückschnitt erfolgen. 12 Pflanzen pro m^2.	
Beinwell *(Symphytum grandiflorum)*	3–5	30–40	Robuster wintergrüner Bodendecker. Die glockenförmigen Blüten sitzen in überhängenden Trauben. Dekorativ sind Sorten mit weißgrünem Laub, wie `Goldsmith´. 9 Pflanzen pro m^2.	
Schaumblüte *(Tiarella cordifolia)*	4–5	20	Die weißen Blütenkerzen über dem frischgrünen Laub wirken leicht. Im lichten Schatten schließt sich der Teppich rasch. Humose Böden sollten bevorzugt werden. 16 Pflanzen pro m^2.	
Immergrün *(Vinca major)*	5–7	40	Großblättriger Bodendecker mit langen Trieben und sternförmigen, lilablauen Blüten. Wächst auch im tiefen Schatten dicht und verträgt kräftigen Rückschnitt. 12 Pflanzen pro m^2.	

Terrasse & Balkon

Gemütliches Wohnzimmer mit Open-Air-Feeling

Wenn der Himmel morgens blau ist, wird hier gefrühstückt, und am liebsten möchte man bis abends sitzen bleiben.

Ganz oben auf der To-do-Liste im Garten stehen natürlich die Sitzplätze. Im Sommer sind sie der Lebensmittelpunkt und daher so wichtig wie ein Wohnraum. Terrasse und Balkon bekommen durch Blüten und Blätter eine Atmosphäre zum Entspannen, Feiern und Arbeiten. Wenn´s schnell gehen soll, dann heißt es, einen kühlen Kopf bewahren und nichts übereilen. Denn so richtig wohl fühlt man sich nur, wenn das Zusammenspiel der einzelnen Elemente stimmig ist. Umgebung, Möbel, Pflanzen und Accessoires sollen sich wie Puzzlesteine ergänzen.

Außerdem muss man mit der Fläche sparsam umgehen. Es ist schwieriger, nur fünf oder vielleicht auch mal vierzehn Quadratmeter in eine Sommeroase zu verwandeln als eine Fläche von zwanzig oder dreißig Quadratmetern. Schließlich will man sich zwischen Blumen und Etageren bequem bewegen können. Beobachten Sie auch die Gegebenheiten. Wann scheint die Sonne auf dem Balkon? Ist es zugig auf der Terrasse? Was stört in der Umgebung? Welche Aussicht ist besonders schön?

Zum Glück sind Sie nicht die oder der Erste mit dem Problem, dass man Pflanzen vor allem auf Balkonen, aber häufig auch auf der Terrasse Platz sparend unterbringen muss. Dazu gibt es inzwischen eine ganze Reihe von Lösungen, wie man sich auf engstem Raum den Wunsch nach Blütenfülle und -vielfalt erfüllt. Üppig bepflanzte Balkonkästen, Blumenampeln und die so genannten Hanging Baskets (siehe Seite 74) geben vielen verschiedenen Sommerblumen Raum, um ihre Schönheit zu entfalten. Und als Füllpflanze mit großzügiger Wirkung gesellt man noch eine Kübelpflanze dazu.

Zwei Fliegen mit einer Klappe können Sie schlagen, wenn es um Sicht- und Windschutzmaßnahmen geht. Mit Hilfe von Rankgerüsten und Holzspalieren baut man eine Wand auf, an der einjährige Kletterpflanzen ihre Triebe entfalten. Im Handumdrehen sind die Lücken geschlossen, und statt der neugierigen Nase des Nachbarn sieht man große blaue Trichterwinden, zierliche Glöckchen der Schönranke oder die weiß-grün gemusterten Blätter des Japanischen Hopfens.

Gartengenuss pur verheißt der blaue Sitzplatz im Schutz der Backsteinmauer.

Styling für den Sitzplatz

Hinsetzen und Wohlfühlen – das ist das Hauptziel eines jeden Sitzplatzes. Eine harmonische Gestaltung überträgt sich rasch auf die Atmosphäre und fördert die Gemütlichkeit. Deshalb ist Stil gefragt. Je nach Geschmack und Vorliebe wird es dann auf der Terrasse im Sommer romantisch, klassisch, ländlich oder...?

Weniger ist mehr, das zeigen die drei Terrassen-Beispiele auf dieser Seite, denn um den Stil herauszuarbeiten, braucht es nur einige wenige Elemente. Die romantische Terrasse kommt mit einer Hortensie und den weiß lackierten Möbeln aus Gusseisen aus. Die Rüschenkissen runden das Ensemble ab und sorgen für Bequemlichkeit.

Zitronenbäumchen und Korbmöbel spiegeln dezent und schnörkellos das südliche Lebensgefühl wider, das man mit dem Sommerurlaub verknüpft. Die übrigen Kübelpflanzen unterstützen diesen Eindruck und schirmen das Eckchen lauschig ab.

Sachlich und klar wirkt das Styling im dritten Beispiel. Was auf den ersten Blick kühl anmutet, lässt einer ausgelassenen Stimmung jeden Freiraum. Das angrenzende Beet hält sich wie die Stuhlauflagen und das Tischtuch an ein klares Farbkonzept. Hier zeigt sich, dass man die Umgebung mit in die Gestaltung einbeziehen kann.

1. **Romantik pur**
   Verschnörkelte Eisenmöbel, dicke bequeme Kissen und die Hortensie laden zum ausgiebigen Träumen ein.
2. **Mediterran**
   Zitronen wecken Urlaubserinnerungen, während man in den Korbsesseln den Sommer zu Hause genießt.
3. **Zen-Flair**
   Grüne und weiße Formen verheißen Sachlichkeit. Hier findet man Entspannung und Rückzugsraum, um Ruhe zu finden.

TIPP

Wie wäre es mit einer kleinen Abwechslung?

Sie haben Ihren Stil gefunden, wünschen sich aber eine modische Auffrischung. Neue Kissen und Tischdecken bringen frischen Schwung. Unterstreichen Sie die neuen Farben mit Accessoires.

Gemütlichkeit schaffen

Stilrichtungen geben der Terrasse ein Motto. Wer sich nicht festlegen möchte, der versucht mit Hilfe von Farben oder den Jahreszeiten einen roten Faden in die Gestaltung zu bringen. Ideen gibt es genug, wichtig ist, dass man sie konsequent verfolgt, damit sich ein rundes Bild ergibt.

Töpfe mit Sommerblumen schaffen einen eleganten Übergang von der Terrasse zum Rankgerüst.

Lieblingsfarben machen die Gestaltung des Wohnzimmers unter freiem Himmel zu einem Kinderspiel. Beachten Sie dabei nur, dass man das Schema erkennt. Wer Lila mag, hängt eine Ampel mit einer violetten Surfinia-Petunie auf, verwendet Kerzen und Decken im gleichen Ton und streicht das Rankgerüst für den Glockenwein violett. Achten Sie auf feine, passende Abstufungen, damit das Zusammenspiel harmonisch bleibt und sich die Lieblingsfarbe nicht abnutzt.

TIPP

Stil & Farben ergänzen sich

Ein nordischer Stil wird von den Farben der schwedischen Flagge – Blau und Gelb – geprägt. Die romantische Note braucht Pastellfarben und wird von gefüllten Blüten stark unterstützt. Für den klassischen Stil beschränkt man sich einfach auf Weiß, Grün und edle Grautöne.

So wird jeder Stil perfekt in Szene gesetzt

Stil	Pflanzen	Töpfe	Accessoires
Urban	Indisches Blumenrohr, Schmucklilie, Buntnessel, Duft-Pelargonie, Bambus, Formschnittgehölze, Neuseeländer Flachs	Material: Terrazzo, rostiges Eisen, Zink, gestrichene oder glasierte Keramik Formen: geometrisch, klare Linien	formale Deko-Elemente, Windfahnen, Windspiele, farbige Glassteine
Klassisch	Hortensie, Efeu, Rose, Funkie, Fleißiges Lieschen, Hornveilchen, Azalee, Liguster	Material: Sandstein, Blei, Gusseisen Formen: Amphoren, Vasen, Kästen mit Relief-Ornamenten	Statuen, Obstkörbe, Ornamente wie Bourbonenlilie und Löwenkopf, Sonnenuhr
Ländlich	Sonnenblume, Marienglockenblume, Stiefmütterchen, Ringelblume, Kapuzinerkresse	Material: Körbe, Keramik, Zink, Holz Formen: nach dem Vorbild von Gebrauchsgegenständen	Rosenkugeln, Tierfiguren, Kränze, antike Gebrauchsgegenstände
Mediterran	Granatapfel, Oleander, Bougainvillee, Gewürzrinde, Lavendel, Feigenbaum, Olivenbaum, Rosmarin, Salbei	Material: Ton in verschiedenen Qualitäten, z. B. Impruneta-Terracotta, glasierte Keramik Formen: landestypische Formen	Zapfen, Kugeln, Wandreliefs, Mosaike

Jahreszeiten mit ihren typischen Merkmalen ersetzen eine feste Stilrichtung auf der Terrasse. Nichts ist schöner, als im Frühling bereits die ersten warmen Sonnenstrahlen genießen zu können. Mit prall gefüllten Tulpentöpfen und ein paar großen Gefäßen mit Hornveilchen werden diese Tage zu einem unvergesslichen Fest. Die Sommersonne gehört Ihren Lieblingsblumen und dem, was Sie mit dieser Jahreszeit verknüpfen. Es können der Duft von Basilikum und das Rot der reifen Strauchtomaten im Topf sein, eine Sonnenblumenorgie, ein Rosentraum oder eine Farbstimmung. Nach dem Sommerurlaub wird es dann herbstlicher. Kürbisse, Gräser und ein, zwei Chrysanthemen lassen die schönen Stunden an warme Tage des Altweibersommers nicht vergessen. Perfekt wird die Vier-Jahreszeiten-Terrasse mit ein paar Winterbildern aus Kerzen, Zapfen und Tannengrün auf dem Gartentisch.

Rankgitter mit Funktion

Sichtschutz und Schatten fehlen auf dem Balkon? Mit Hilfe eines Rankgitters, eines Balkonkastens und ein paar Kletterpflanzen löst man das Problem, wie auf dem Präsentierteller vor den Nachbarn zu sitzen, blumig und elegant. Man schafft eine gemütliche Atmosphäre, in der sich viele sonnige Stunden ungestört genießen lassen.

Heimelig wird es auf Balkon und Terrasse erst durch vertikale Strukturen. Rankgitter für einjährige Kletterpflanzen erfüllen zugleich den Wunsch nach üppiger Blütenfülle. Die Kletterhilfen sind rasch montiert, man muss nur darauf achten, dass sie auch bei stürmischen Gewittern standfest sind. Dafür das Metallgitter L-förmig umbiegen und auch am Balkongeländer befestigen. Holztreillagen (Rankhilfen) werden am Holzgefäß fest verschraubt. Fixe und blumige Kletterer sind rote Sternwinde, orange Schönranke und lila Glockenwein.

1. **Rankgitter und Kasten** haben die gleiche Breite.

2. **Umgebogen findet das** Rankgitter Halt. Mit einer Schnur wird es am Geländer angebunden (kleines Foto).

3. – 4. **Prachtwinde und** Schwarzäugige Susanne werden gepflanzt und angegossen.

5. **Nach einigen Wochen** verdecken Blätter und Blüten unerwünschte Aus- und Einblicke.

Lauschige Ecken ganz rasch

Als Oasen sind Terrassen beliebt. Ruhe stellt sich jedoch nur ein, wenn man geschützt sitzen kann. Sind die Hecken rund um den Garten noch nicht eingewachsen, weiß man schnelle Sicht- und Windschutzlösungen zu schätzen. Ein Beispiel: Gehölze oder Gräser in Kübel pflanzen, und ruck, zuck hat der Sitzplatz grüne Wände.

Störfaktoren muss man schleunigst aus dem Weg räumen, so auch das Gefühl, dass die Nachbarn auf die Pelle rücken. Die Lösung ist wirklich einfach: Man nimmt große Kübel oder Mörtelwannen und bepflanzt sie mit Gehölzen, wie Hainbuche, Kirschlorbeer, Thuja oder Leylandzypresse. Ein bisschen romantischer wirkt Chinaschilf, allerdings wächst das Gras erst im Laufe des Sommers in die Höhe. Wer das Ensemble perfekt machen will, stellt die Gefäße gleich auf Rolluntersetzer, damit man sie bequem hin- und herschieben kann.

Im Boden der Pflanzgefäße müssen Löcher sein, damit überschüssiges Wasser abfließen kann. Als Wasserspeicher für die Pflanzen empfiehlt es sich, zunächst eine fünf bis zehn Zentimeter dicke Schicht Blähton einzufüllen und darauf Kübelpflanzenerde zu geben. Darin setzt man dann die Heckenpflanzen. Mit Langzeitdünger werden die Pflanzen optimal versorgt. Wem das Pflanzen zu viel Zeit kostet, der kann im Fachhandel auch fertige Heckenelemente im Topf kaufen.

TIPP

Darf´s noch etwas Blütenschmuck sein?

Prunkwinden bringen noch ein paar bunte Tupfer auf die grüne Wand. Legen Sie die Samenkörner im April einzeln in die Erde, am besten zum Gefäßrand hin. Bald klettern die Ranken durchs Astwerk.

1. **Mobile Hecken** Diese Hecken gibt es fertig im Gartencenter, oder man pflanzt sie selbst. Gut geeignet sind Kirschlorbeer, Thuje, Ilex.
2. **Urlaubsfeeling** Chinaschilf wird in große Mörtelwannen gepflanzt. Die hohen Halme gewähren garantiert keinen Einblick.

Solo für Kübelpflanzen

Hochstämmchen sind perfekte Einzelgänger. Sie bauen ihre Kronen ausladend auf und schmücken sie mit Blüten. Dadurch entsteht ein Blickfang mit einer großartigen Wirkung, ganz ähnlich wie bei buschigen Kübelpflanzen. So zeigt sich, dass es manchmal ganz einfach ist, eine fixe und pfiffige Lösung zu finden.

Kahle Ecken werden mit Kugelbäumchen und Büschen perfekt herausgeputzt.

1. **Exotik verbreitet** das Granatapfelbäumchen mit Blüten und Früchten.

2. **Weiße Eleganz** verkörpert das Margeritenbäumchen neben der Bank.

3. **Für schattige Plätze** eignen sich Fuchsienbäumchen mit ihren roten Blütenglöckchen.

TIPP

Maß nehmen vor dem Einkauf

Wenn Sie sich ein Hochstämmchen für einen bestimmten Platz kaufen, sollten Sie zuvor Maß nehmen. So können Sie ein Pflanze auswählen, die sich mit ihrer Stammhöhe und dem Kronenumfang optimal in die Situation einfügt.

Eindrucksvoll schmückt man die Sitzplätze mit Hochstämmchen und Kübelpflanzen. Die kleinen Exoten stellen sich schützend den Möbeln zur Seite und schaffen einen blumigen Rahmen. Damit es nicht zu eng wird und die Wirkung überzeugt, belässt man es bei ein oder zwei Exemplaren. So findet sich auch immer ein Plätzchen zum Überwintern, und man muss sich am Ende des Sommers von den treuen Begleitern nicht verabschieden. Der Standort spielt für die Auswahl eine große Rolle. Für heiße Plätze eignen sich Geranien-Hochstämmchen und Oleander. Rosen bevorzugen ein gemäßigtes Klima. Vor allem die Mittagssonne macht den Hochstämmchen zu schaffen. Für den Schatten kommen Engelstrompeten und Fuchsien in Frage. Als i-Tüpfelchen bepflanzt man bei Hochstämmchen den Fuß mit ein paar überhängenden Polstern, wie beispielsweise Männertreu, Schmalblättrigen Zinnien oder Schneeflockenblumen.

Umtopfen

Alle paar Jahre

müssen Kübelpflanzen in frische Erde gesetzt werden. Im Frühjahr, wenn die Exoten das Winterquartier verlassen, ist ein optimaler Zeitpunkt für diese Arbeit. Wer sich nicht sicher ist, ob die Pflanze einen neuen Topf und frische Erde braucht, topft sie aus. Ist der Ballen vollkommen durchwurzelt, sodass keine Erde mehr sichtbar ist, wird es Zeit. Schließlich steht die nächste Saison vor der Tür. Nur wenn die Pflanze optimale Bedingungen hat, kann sie auch mit ihren Blüten überzeugen. Wer nicht immer einen größeren Topf nehmen will, der reisst den Wurzelfilz mit einer Gabel auf und kürzt die herunterhängenden Wurzeln kräftig ein. Gleichzeitig sollte der oberirdische Teil eingekürzt oder ausgelichtet werden, denn Wurzel- und Zweigvolumen stehen in einem ausgewogenen Verhältnis. Ein größerer Topf ist vor allem in den ersten Jahren sinnvoll, weil er unter anderem die Standfestigkeit erhöht. Man muss etwa drei bis vier Zentimeter Luft an allen Seiten einrechnen, damit der Zuwachs genügend Platz hat. Die obere Erdschicht auf dem Ballen wird entfernt. Hier sammeln sich Salze und Kalk. Als Substrat verwendet man Kübelpflanzenerde mit einer stabilen Struktur, die jährliches Umtopfen überflüssig macht.

1

2

3

4

TIPP

Auffrischen statt Umtopfen

Haben die Wurzeln noch Platz, um sich auszubreiten, sollte man dennoch die obere Erdschicht entfernen und etwas frisches Substrat einfüllen. Außerdem gibt´s zum Saisonstart natürlich eine Extraportion Dünger.

1. **Im neuen Topf** haben die Wurzeln Platz.

2. **Tonscherben** werden auf das Loch im Boden gelegt.

3. – 4. **Frische Erde** wird in den Topf gegeben und die Pflanze eingesetzt. Nun die Ränder befüllen, die Erde sacken lassen und angießen.

▼ **Köstlich:** Hier gibt es den ganzen Sommer etwas zu naschen, zum Beispiel Paprika oder einen zarten Zuckermais. Man fühlt sich wie in einem alten Bauerngarten. Die Tonkugeln auf den hohen Stielen setzen Akzente, und die goldene Sonne funkelt, auch wenn die Wolken der großen Schwester keinen Platz machen.

◄ **In Form:** Die weißen Rosenblüten und das silbrige Blattwerk von Mehlsalbei und Lakritzkraut verleihen schlichte Eleganz, die von den roten Rosen etwas aufgefrischt wird. So wirkt das Ensemble nicht zu kühl und distanziert, sondern zeigt die notwendige Herzlichkeit für Geselligkeit und Sommerfreuden.

Sie haben die Wahl

und möchten sicherlich am liebsten gleich alle vier Balkone haben. Die paar Quadratmeter Platz werden häufig verkannt, denn es gibt viele schöne und auch individuelle Gestaltungsmöglichkeiten. Wichtig ist, dass man immer eine Sitzgelegenheit einplant. Der Standort hängt von der Himmelsrichtung, Ihren Nutzungsgewohnheiten und ganz entscheidend von der Aussicht ab. Letztere sollte immer die Schönheit der sommerlichen Pflanzenpracht zeigen. Vermeiden Sie es, in Richtung Wohnung zu schauen – oder wofür machen Sie sich die ganze Mühe?

► **Pink Power:** Ein echter Gute-Laune-Balkon, denn hier schwebt man immer auf einer rosaroten Wolke. Surfinia-Petunien, Geranien und Kapmargeriten geht den ganzen Sommer die Puste nicht aus. Das wirkt ansteckend. In dieser Umgebung kann man herrlich einen Sonntag mit Faulenzen und Lesen verbummeln und fühlt sich rundum wohl.

▲ **Dreaming:** Was wäre ein Leben ohne ein paar schöne Träume? Hier kann man mit Freunden und Familie den Sommer richtig genießen. Lavendelduft lässt angenehme Urlaubserinnerungen aufkommen. Die üppigen Balkonkästen sorgen für Ruhe und Intimität – und genau danach sehnt man sich nach einem arbeitsreichen Tag.

Balkonkästen bepflanzen

Die Eisheiligen um den 15. Mai geben den Startschuss für die sommerliche Blütenparade in den Balkonkästen. Wenn keine Nachtfröste mehr zu erwarten sind, kommen Geranien, Petunien & Co. in die Erde. Für das Wachstum sind neben der Pflanzenqualität hochwertige Blumenerde, Dünger und gute Pflege wichtig.

Beim Einkauf

der Balkonblumen achtet man nicht nur auf viele Blüten beziehungsweise Knospen, sondern auf eine reiche Verzweigung, damit die Pflanzen rasch buschig werden. Vor dem Pflanzen wässert man die Töpfe einige Stunden. Sparen Sie nicht am Substrat, denn Billigprodukte trocknen rasch aus und hemmen so das gleichmäßige Wachstum. Eine Filzmatte, die auf den Boden des Kastens gelegt wird, ist ein idealer Helfer beim regelmäßigen Gießen. Sie speichert das Wasser und gibt es bei Bedarf gleichmäßig an die Wurzeln der Pflanzen ab. So überstehen die Blütenwunder auch im Hochsommer schadlos manche heiße Mittagsstunde. Dünger ist meist im Substrat enthalten. Bei einer normalen Düngung reichen die Vorräte etwa sechs Wochen. Anschließend sollte man einmalig Langzeitdünger zwischen den Pflanzen verteilen. Es gibt auch Substrate, die bereits Langzeitdünger enthalten. An kleinen honiggelben Kügelchen kann man es erkennen.

1. **Die filzartige Matte** speichert Wasser und versorgt die Wurzeln gleichmäßig. Damit verhindert man das Austrocknen an heißen Tagen.

2.–5. **Bepflanzen** Richten Sie sich zuerst das Zubehör her, dann die Pflanzen austopfen, verfilzte Ballen lockern und in die Erde setzen. Angießen nicht vergessen!

6. **Schickes Duo:** Fächerblume und Surfinia-Petunie.

TIPP

Verschiedene Wuchsformen

ergänzen sich gut. Verwenden Sie überhängende, aufrechte und buschige Pflanzen in einem Kasten. Hängende Balkonblumen werden an den Ecken und an den Rändern angeordnet, große bauen sich dekorativ im Hintergrund auf, und die kleineren füllen die Lücken.

Ampeln – schnell bepflanzt

Hanging Baskets heißt der Trend aus England, der auch bei uns allmählich in Mode kommt. In jedem Fachmarkt bekommt man das notwendig Zubehör. Mit den Körben, die seitlich und von oben bepflanzt werden, kann man Aufsehen erregen und das Verlangen nach üppiger Blütenpracht stillen.

Die Körbe aus Drahtgeflecht ermöglichen die seitliche Bepflanzung und sind ganz authentisch. Allerdings darf ein gravierender Nachteil an dieser Stelle nicht verschwiegen werden: Hanging baskets trocknen schnell aus. Daher sollte man auf einen Einsatz aus Kokosfasern, Pappe oder Wollfilz nicht verzichten. Er hilft, den Wasserhaushalt zu regulieren. Wer nicht regelmäßig gießen kann oder vergesslich ist, der sollte sich lieber ein Gefäß mit Wasserreservoir kaufen, auch wenn die Investition ein paar Euro mehr kostet.

Auf einen Eimer gesetzt, kann man den Korb gut bepflanzen. Er wird mit Sphagnum-Moos ausgekleidet. Ursprünglich sollte es verhindern, dass Erde durchfällt, heute kaschiert es den Einsatz. Damit die jungen Pflanzen für die Seiten keinen Schaden nehmen, wickelt man sie zum Pflanzen in Papier oder steckt sie in einen aufgeschnittenen Gefrierbeutel. Seitlich pflanzt man hängende, oben eher aufrechte Balkonblumen.

1. **Der Gitterkorb** wird mit Sphagnum-Moos vom Floristen (der Umwelt zu Liebe) ausgekleidet.

2.–5. **Das Moos** verdeckt den vorgestanzten Einsatz. Nun Erde einfüllen. Die Pflanzen in eine Papiermanschette wickeln und seitlich einpflanzen. Dann die Hülse vorsichtig entfernen.

6. **Blumige Aussichten** Zum Schluss die Oberseite bepflanzen und angießen.

TIPP

Hängender Kräutergarten

Es müssen nicht immer Blumen sein. Mit hängendem Rosmarin, niedrigem Zitronenthymian und Kapuzinerkresse werden die Seiten bepflanzt. In die Mitte kommen gelbgrüner Salbei für das Saltimbocca und Basilikum für den Insalata Caprese.

Töpfe für alle Fälle

Gähnende Leere auf der Treppe in den Garten, dem kleinen Bistrotisch oder auf dem Mauersims macht auf Dauer unzufrieden. Stellt man einen oder zwei Töpfe mit Blütenpflanzen auf, sieht die Situation gleich viel freundlicher aus, und man hat den Platz geschickt für einen Eyecatcher genutzt.

Im Frühling bevölkern Zwiebelblumen wie Narzissen und Traubenhyazinthen die Terrasse und sorgen dafür, dass es einladend aussieht. Auf dem Balkonregal tummeln sich die frechen Hornveilchen dort, wo im Sommer Duft-Pelargonien stehen. Und im Winter zeigen sich Buchskugeln und Efeu ganz unverfroren. Mit ein paar Gefäßen sorgen Sie für heitere Stimmung auf Balkon und Terrasse. Sie beleben und geben einem das Gefühl von Wohnlichkeit. Je üppiger die Blüten, desto selbstbewusster präsentieren sich die Pflanzen. Bei kleinen Blumen unterstützt man die Wirkung, indem man die Töpfe in schmucken Eisenvasen oder rustikalen Weidenkörben versenkt. Die Blütenfarben sollten zur Tischdecke oder zu den Sitzkissen passen. Dadurch fügt sich alles prima ein. Und in einem verschwiegenen Eckchen im Garten stehen immer drei, vier Töpfe bereit, für den Fall, dass man Lust auf einen Tapetenwechsel verspürt.

1. **Zwiebelblumen** legt man im Herbst in Schalen und Töpfe. Etiketten verhindern großes Rätselraten im Frühling.
2. **So sieht´s dann aus:** Krokusse und Blausternchen ergänzen das bunte Frühlingstreiben der Hornveilchen.
3. **Geranien – der Hit** Der genügsame Klassiker macht mit seinen extravaganten Blütenfarben aus dem Tischchen ein kleines Stillleben.

TIPP

Zu viele Töpfe gibt es nicht

Überzählige Töpfe füllen Lücken in den Blumenbeeten perfekt. Die Blütenfarben müssen natürlich passen. Von den Nachbarpflanzen wird das Gefäß verdeckt und zugleich schattiert, sodass man auch weniger gießen muss.

Vorgarten

Da wird die Nachbarschaft garantiert staunen

Formschnittgehölze im Topf ergänzen das Treiben in den Beeten und an der Hauswand.

Als Visitenkarte

wird der Vorgarten ganz zurecht bezeichnet. Er sollte nicht nur immer eine gute Figur abgeben, sondern auch rasch angelegt sein. Schließlich überträgt jeder Passant, jeder Nachbar und jeder Besucher den unfertigen Zustand auf das ganze Haus. Der erste Eindruck zählt. Also heißt es: Nicht kleckern, sondern klotzen. Die erste Notlösung, die über einen unfertigen Zugang und die unbefestigte Zufahrt freundlich hinwegsehen lässt, sind Topfpflanzen. Ein Margeriten-Hochstämmchen neben der Tür, ein herzförmiges Rankgitter mit Efeu oder eine große goldgelbe Chrysanthemenkugel lassen selbst kritische Stimmen verstummen, und man hat ein wenig Zeit gewonnen für die Planung. Denn auch wenn´s zügig gehen soll, sind Planungsfehler unverzeihlich. Man geht eben täglich mehrmals durch den Vorgarten. Da wird man jedes Mal auf die Unzulänglichkeiten hingewiesen.

Gehen Sie systematisch an die Planung. Welche Funktionen sollte der Vorgarten haben? Zugang, Zufahrt, Ausgleich von Höhenunterschieden zwischen Haustür und Gehweg, blumiger Rahmen für das Haus und Stellplatz für Mülltonnen sowie Fahrräder sind die gängigen Themen, die in der Planung berücksichtigt werden müssen. Als nächstes geht es darum, die Fläche entsprechend aufzuteilen und die Funktionsbereiche geschickt zu verknüpfen. Mülltonnen sollten beispielsweise schnell aus dem Blickfeld verschwinden.

Der Stil sollte der Architektur des Hauses entsprechen. Daher ist es wichtig, Farben und Formen bei der Gestaltung aufzugreifen. Und dann noch ein Tipp: Beete sind schön im Eingangsbereich, aber man muss sie pflegen, denn die Nachbarn und Besucher bleiben kritisch. Setzen Sie also auf eine pflegeleichte Bepflanzung, und lassen Sie die Beete nicht zu groß werden.

Blumiger Rahmen Eine Waldrebe legt ihren Blütenschleier über die Tür

Empfang mit Stil Variationen aus Buchskugeln in Eisenkübeln

Treppe und Rampe, getrennt durch das Beet, gleichen die Höhe zwischen Fußweg und Haus geschickt aus.

Ideen zur Gestaltung

Als Anregung, wie man Vorgärten gestalten kann, zeigen wir Ihnen drei verschiedene Pläne. Sie gehen immer von der gleichen Grundfläche aus, präsentieren sich aber mit jeweils eigenem Charakter, den man unterschiedlichen Architekturen zuordnen kann. Bestimmt ist auch für Sie etwas Passendes dabei.

Das Haus gibt mit seiner Architektur bereits Anregungen für die Gestaltung. Beim **Beispiel 1** ist der Bodenbelag aus Pflasterklinker. Seitlich am Haus stehen Mülltonnen. Vier nahezu quadratische Beete bestimmen die Bepflanzung. Zur Straße wachsen hohe Kugelbäume in den Karrees. Zum Haus hin werden sie passend zur Jahreszeit mit Blumen bepflanzt.

Das **Beispiel 2** passt zu modernen Bauten. Im Frühling schmücken Azaleen, Rhododendren und ein Blauregen-Hochstamm. Den Rest des Jahres bestimmen Hecken und Bambus das Bild. Die Mülltonne ist in den Heckensaum integriert.

Natürlichkeit spielt im **Vorschlag 3** eine Rolle. Nur das Nötigste ist befestigt. Die übrige Fläche wird mit Rindenmulch bedeckt. In den Beeten wachsen Wiesenblumen und Gräser. Neben der Haustür ist ein Unterstand für Mülltonnen und Fahrräder.

1. **Ländlich, formal** mit Kugelbäumen.
2. **Etwas Zen** mit Natursteinen und Bambus.
3. **Natur pur** mit bunter Blumenwiese.
4. **Im Frühling** tummeln sich weiße und gelbe Tulpen vor der Tür.
5. **Kräftige Farbtupfer** dank Fleißigen Lieschen.
6. **Willkommensgruß** aus Rosenhochstämmchen und Lavendel.

TIPP

Schaffen Sie gleich klare Verhältnisse

Fassen Sie den Vorgarten zum Bürgersteig ein. Ein blumig umrankter Zaun oder eine niedrige Hecke beugen Grenzkonflikten vor. Seitlich zu den Nachbarn kann man die Einfassung fortsetzen.

Ein blumiger Empfang

Blütenschmuck peppt den Hauseingang auf und sorgt für Abwechslung. Manchmal ist ein Tapetenwechsel einfach fällig. Zu jeder Jahreszeit kann man den Blickfang neu gestalten. Kübelpflanzen, Formschnittgehölze im Topf und Blumenampeln heißen jeden Gast freundlich willkommen.

Neben der Tür

ist meistens noch etwas Platz. Hochstämmchen kommen hier gut zur Geltung, weil sie gestalterisch leicht zu integrieren sind. Am besten bepflanzt man gleich noch den Fuß, wie auf Seite 70 beschrieben, damit das Gefäß ein stimmiges Ensemble darstellt. Entscheidend für die Auswahl ist eine lange Blütezeit. Im Schatten wirken Hortensien und Fuchsien schön, in der Sonne sind Margeriten, Rosen und Wandelröschen der Hit. Im Herbst kann man dann auf die kugeligen Gartenchrysanthemen umsteigen.

TIPP

Und dazu ein paar Kürbisse

Tolle Farben und Formen bringen Kürbisse im Herbst ins Spiel. Legen Sie einfach ein paar dekorative Exemplare neben die Haustür. Die interessanten Furchen auf der Oberseite stellt man zur Schau, indem die vordere Frucht schräg anlehnt.

Formschnitt stellt eine tolle Alternative zum Blütenschmuck dar. Buchsbaum und Liguster werden in verschiedensten geometrischen Formen und Figuren angeboten. Natürlich muss man immer mal die Form zurechtstutzen, aber die Pracht hat richtig Ausdauer. Man kommt nie an den Punkt, dass die Pflanze nicht mehr schön aussieht. Und wenn die Investition zu kostspielig ist, dann wählen Sie die Light-Version aus Efeu. Die Triebe der immergrünen Kletterpflanze werden an einem Rankgitter in die Höhe geleitet. Das können geometrische Körper sein, beispielsweise Kegel, Kugeln, Pyramiden oder Quader. Es gibt auch fertige Drahtfiguren, etwa Hasen oder Fahrräder, die man ganz fix eingrünen kann. Und wer Spaß am Werkeln hat, der biegt sich mit Hilfe einer Vorlage ein zweidimensionales Rankgitter selbst. Wie wäre es mit einem Herzen, einer stilisierten Sonnenblume oder einem Kleeblatt?

1

Herzlich willkommen

Für die Pflanzen im Vorgarten gelten ganz besondere Regeln: Sie sollen viel hermachen. Das Äußere sollte eigentlich das ganze Jahr überzeugen, und mit Blüten darf auf keinen Fall gegeizt werden. Unmöglich ist das nicht. Man muss sich nur die passenden Schönheiten auswählen und ein paar Tricks kennen.

Kletternder Blütenschmuck setzt im Eingangsbereich tolle Akzente, und ist dennoch Platz sparend. Dabei gilt es, auf die mehrjährigen Schönheiten zu setzen, auch wenn das ein bisschen Geduld kostet. Rosen, Waldreben und Geißblatt schmücken Bögen, mit denen man das Eingangstor zum Grundstück markiert. Als Alternative bietet sich ein Rankgerüst neben der Haustür an. Besonders reizvoll ist der Aspekt, dass Kletterrosen und Geißblatt duftende Blüten tragen, die im Vorbeigehen einen angenehmen Eindruck hinterlassen. Wenn Sie die Kletterrosen auswählen, sollten Sie auf öfterblühende Sorten achten, deren Blüten den ganzen Sommer erscheinen. Unter den einmalblühenden Sorten gibt es bezaubernde Schönheiten, aber im Vorgarten sollte man diese nicht setzen. Der Blauregen hinterlässt trotz der eher kurzen Blütezeit einen bleibenden Eindruck. Wichtig: Kaufen Sie davon nur Pflanzen, die veredelt sind und garantiert blühen, andernfalls geht´s nicht schnell.

2

Höhe ist das A und O im Vorgarten, denn der Eindruck in Augenhöhe zählt. Kletterpflanzen sind gefragt. Niedrige Blumen kommen in hohen Gefäßen groß raus.

1. **Rosensäulen** Stattlich bauen sich die Kletterrosen auf.
2. **Gelbe Glöckchen** der Clematis und wuschelige Fruchtstände.
3. **Vergissmeinnicht** in rostigen Kübeln haben beim Abschied ihren großen Auftritt.

TIPP

Clematis-Mix verlängert die Blütezeit

Bepflanzen Sie Rankbögen, Haustür oder Obelisk nicht nur mit einer sommerblühenden Italienischen Waldrebe *(Clematis viticella)*, sondern auch mit einer frühlingsblühenden Berg- oder Alpen-Waldrebe *(C. montana* oder *C. alpina)*.

3

Stauden sind im Vorgarten sehr gefragt, aber nur, wenn sie wirklich Ausdauer im Hinblick auf ihren Schmuck zeigen. Das sind zum einen Dauerblüher und zum anderen Blattschmuckpflanzen. Bei den Blütenstauden sollte man auf alle Arten verzichten, die nach der Blüte einziehen. Tränendes Herz, Türkenmohn und Bartiris geben ein kurzes Intermezzo, das in der Rabatte im Garten geschickt eingeplant werden kann. Im Vorgarten verzichtet man besser darauf, damit keine größeren Lücken entstehen. Akeleien dagegen tanzen locker durch den frühsommerlichen Vorgarten. Nachdem sie eingezogen sind, werden die Lücken perfekt von Nachbarpflanzen überspielt.

Blattschmuck hat Ausdauer. Mischen Sie unterschiedliche Strukturen, Farben und Formen. Großlaubige Funkien ergänzen sich mit feinen Gräsern. Der Kontrast von großblättrigem Wollziest und fein zerteiltem Laub der Edelrauten ergänzt sich durch die graue Blattfarbe. Buntnesseln sorgen auch als Solisten für Spannung.

Immergrüne Bodendecker sind im Vorgarten sehr beliebt. Sie toppen die normalen Blattschmuckpflanzen, weil sie eine dichte Decke bilden und auch im Winter hübsch aussehen. Eine Pflanzenauswahl für schattige Plätze finden Sie in der Tabelle auf Seite 63. Damit keine Langeweile aufkommt, sollte man Narzissen, Gräser und Polsterglockenblumen dazwischen setzen. Sie bereichern die Bepflanzung mit Farbe, Struktur und jahreszeitlicher Abwechslung.

Schneller Blatt- und Blütenschmuck

Name	Blütezeit (Monate)	Höhe (cm)	Bemerkungen	
Garten-Prachtspiere *(Astilbe arendsii)*	6–9	50–100	Gefiederte, ledrige Blätter; mehr oder weniger duftige Blütenrispen in Weiß, Rot oder Rosa; verträgt Schatten; langlebige und robuste Staude.	
Bergenie *(Bergenia-*Hybride)	4–5	30–50	Großblättrige Staude, immergrün; weiße, rosa- und pinkfarbene Blüten in Trugdolden an kräftigen Stielen; breitet sich durch Rhizome langsam aus; für Sonne und Schatten.	
Spindelstrauch *(Euonymus fortunei* 'Emerald 'n' Gold')	6–7	20	Immergrünes, gelb- oder weißgrün gerandetes Laub; Blüten unscheinbar; breitet sich kriechend aus, wenn die Triebe Halt finden, klettern sie bis zu 3 m in die Höhe.	
Purpurglöckchen *(Heuchera micrantha)*	5–8	40–70	Burgunderrote, ledrige Blätter, wintergrün; darüber im Sommer zierliche cremefarbene Blütenrispen; sehr robust; für sonnige und schattige Plätze, verschiedene Sorten.	
Funkie *(Hosta sieboldiana)*	6–8	30–80	Dekorative, herzförmige Blätter mit grünlichem Rand; verträgt schattige bis halbschattige Plätze; verschiedene Sorten mit unterschiedlichen Blattformen, -strukturen und -mustern.	
Lampenputzergras *(Pennisetum alopecuroides)*	8–9	30/* 60–80	Blütenstände, die an Flaschenbürsten erinnern, an langen Stielen über dem Laub; kompakte, rundlich Horste; Halme bis zum Frühjahr stehen lassen und erst im März zurückschneiden.	
Schildfarn *(Polystichum setiferum)*	5	40–60	Fein zerteilte, wintergrüne Wedel; breitlagernde Horste für schattige Plätze und frische bis feuchte, humose Böden.	
Buntnessel *(Solenostemon scutellarioides,* Syn.: *Coleus*-Blumei-Hybriden)	7–8	20–50	Auffällige Blätter mit reichem Formspiel, extravagante Farbkombinationen, z.B. schwarzrot / gelbgrün, weiß / grün, rotgrün / gelb; Blüten unscheinbar; nicht winterharte Büsche.	

* = Blätter/Blüten

Gartenteich

Faszinierender Lebensraum für Pflanzen und Tiere

Sitzt der Frosch quakend auf dem Seerosenblatt, ist die Gartenwelt in Ordnung.

Wasser hat für den Menschen einen sehr hohen Stellenwert, und es gibt kaum ein Thema der Gartengestaltung, das auf so viel Begeisterung stößt wie der Gartenteich. Dieser Gartenraum zeigt sich eigenständig, sodass man mit der Anlage eines Teiches schnell einen Erfolg erzielen kann. Wenn Ihre Freunde im Sommer dann zum ersten Grillfest kommen, können Sie sie mit dem bereits angelegten und bepflanzten Gartenteich überraschen. Dazu müssen Sie nicht mal sehr viel Zeit investieren – mehr dazu auf der nächsten Seite.

Mit dem Nass können Sie auch Ihre Kinder für den eigenen Garten interessieren. Wenn sich der Teich erstmal bei Molchen, Fröschen und Libellen »rumgesprochen« hat, dann gibt es hier viel zu entdecken. Doch wer seinen Kindern diesen Spaß guten Gewissens und stressfrei gönnen will, der sollte nicht daran sparen, vom ersten Moment an eine Kindersicherung einzubauen. Ihre Racker werden bestimmt bald viele Freunde aus der Nachbarschaft begeistern, und sie können die kleinen Forscher dann auch mal sich selbst überlassen. Wo es Netze und Gitter für die Teiche gibt, erfahren Sie im Adressenteil (Seite 138/139).

Der Standort des Teiches ist ganz entscheidend für das Gelingen. Je kleiner und flacher ein Teich ist, desto schneller erwärmt sich das Wasser. Dies fördert das unerwünschte Algenwachstum. Deshalb sollte man für den kleinen, zügig gebauten Teich ein Eckchen aussuchen, das teils in der Sonne und teils im Schatten liegt oder zumindest nicht den ganzen Tag besonnt wird. Mit dem Aushub kann man eine kleine Anhöhe gestalten, die aus der Hauptblickrichtung gesehen hinter dem Teich liegt. Hier kann man Taglilien, Frauenmantel, Funkien und Blutweiderich pflanzen, um das Flair eines natürlichen Teiches zu verbreiten.

Man kann auch Fische im Gartenteich ansiedeln. Allerdings sollten Sie sich im Zoofachhandel beraten lassen, damit der Lebensraum für die jeweilige Art groß genug ist. Außerdem sollten Sie bedenken: Fische reichern das Wasser mit Nährstoffen an. So wird das Algenwachstum gefördert. Es empfiehlt sich auch, zunächst abzuwarten, bis die Pflanzen genügend eingewachsen sind, sodass die Fische ausreichend Rückzugsräume vorfinden.

Fangen Sie klein an

Miniteiche lösen Platzprobleme im Handumdrehen, schließlich ist nicht jeder Garten groß genug, um einen Teich anzulegen. Und schwierig wird der Wunsch nach Seerosen erst recht auf Balkon und Terrasse. Aber auch dieser kann erfüllt werden, denn ein Holzfass oder eine Zinkwanne sind auch nicht größer als eine Kübelpflanze.

Die Gefäße müssen in erster Linie wasserdicht sein. Das Äußere sollte zur Umgebung passen, damit sich solch kleine Teichlösungen harmonisch einfügen.

1. **Am Balkongeländer** entsteht Tropenfeeling durch den Miniteich und den raschelnden Bambus.
2. **Am Wegesrand** steht das schlichte Betonbecken mit Seerosen.
3. **Ausgediente Fässer** ergeben ein stimmiges Ensemble mit Töpfen.

Platzmangel ist nun wirklich kein Argument, das gegen einen Teich spricht. Auch wenn mancher die Minilösung eher als »Pfütze« abtut, sollten Sie sich nicht beirren lassen. Miniatur-Seerosen und Wassersalat verwandeln ausgediente Wein- und Whiskyfässer in einen winzigen, aber idyllischen Tümpel. Ganz wichtig ist, dass man Pflanzen mit einem mäßigen Wachstum auswählt. Gepflanzt wird in Gitterkörbe. Das erleichtert zum einen die Überwinterung: Da die kleinen Gefäße leicht durchfrieren und durch Eisbildung zersprengt werden können, muss man die Pflanzen im Winter aus dem Wasser nehmen und in einer Wanne frostfrei oder bei Freunden im Teich überwintern. Zum anderen kann man die Pflanzkörbe so auf einen Sockel stellen. In einem hohen Fass wäre es ein Fehler, eine klein bleibende Seerose zu tief einzusetzen. Eine Sorte für große Tiefen dagegen wäre zu üppig im Wachstum.

TIPP

Eine schnelle und pfiffige Tischdekoration

Nehmen Sie durchsichtige Glasgefäße und setzen Sie ein paar Schwimmpflanzen aus dem Gartenteich hinein. Die Vasen, Weck- und Gurkengläser stellen Sie dann statt einem Blumenstrauß auf den Tisch.

Das grenzt an Zauberei

Fertigteiche machen es möglich, dass im Garten schnell ein neuer, idyllischer Lebensraum entsteht. Die Wanne garantiert einen konstanten Wasserpegel, und mit Hilfe der unterschiedlichen Randzonen können verschiedenste Wasserpflanzen eingesetzt werden. Bald werden die ersten Libellen über dem Wasser stehen.

Einen Tag muss man einplanen, um mit Hilfe eines Plastikbeckens einen Teich im Garten entstehen zu lassen. Wichtig ist, dass man die Grube so aushebt, dass die Wanne glatt und eben auf der Erde liegt. Also unbedingt die Wasserwaage bereithalten. Sonst läuft am Ende das Wasser aus der Wanne. Bepflanzt wird ganz zum Schluss und erst, wenn sich das frisch eingelassene Wasser etwas erwärmt hat.

1. **Rasensoden** werden entsprechend der Grundform ausgestochen.
2. **Die Grube passend** zur Wannenform ausheben.
3. **Der Grund der Grube** wird geebnet, die Wanne eingesetzt und befüllt. Gleichzeitig wird der Aushub seitlich eingefüllt.
4. **Die Ränder müssen** geschickt modelliert werden, sodass der Wannenrand nicht sichtbar ist.
5. **Seerosen und Gräser** werden in Gitterkörben eingesetzt und der Rand mit Steinen gestaltet.

1

2

3

4

5

Die Pflanzen brauchen etwas mehr Zeit, um sich in der neuen Umgebung zu etablieren. Aber Sie können sicher sein, dass schon in einem Sommer ein beachtliches Ergebnis erzielt werden kann. Der Startschuss für die Bepflanzung sollte nicht vor Anfang Mai fallen. Für den Einkauf messen Sie zunächst die verschiedenen Tiefen Ihres Teiches nach. Denn das ist das entscheidende Kriterium fürs Gelingen. Seerosen, die Klassiker im Gartenteich, zeigen sich universell. Zwar kann man nicht ein und dieselbe Sorte in jede beliebige Tiefen setzen, aber es gibt für jede Teichgröße eine passende Auswahl. Die übrigen Gewächse für das Wasser unterscheiden sich in einem Aspekt: Es gibt Pflanzen, die im Boden wurzeln, und die Schwimmpflanzen, die im Wasser treiben. Für die erste Gruppe muss man beim Einkauf Pflanzkörbe aus Plastik oder Kokosfasern kaufen. So kann man sie leicht ins Becken setzen. Damit sich der Gartenteich rasch in die Gesamtanlage einfügt, muss man auch auf die Uferbepflanzung achten. In den feuchten Bereichen siedelt man Vergissmeinnicht, Primeln, Sumpfdotterblumen und die rasanten Gauklerblumen an. In dem eher trockenen Boden neben dem Becken machen sich Gräser, Wieseniris und Jakobsleiter gut.

Einspielen wird sich das Gleichgewicht im Teich erst allmählich. Sollten am Anfang Algen üppig sprießen, sammelt man sie mit einem Käscher heraus. So reduziert sich der Nährstoffgehalt, und das Zusammenspiel funktioniert zunehmend besser. Achten Sie im Herbst darauf, dass keine Blätter in den Teich fallen, und schneiden Sie die Pflanzen frühzeitig zurück.

So wird der Teich rasch grün und bunt

Name	Blütezeit (Monate)	Wassertiefe (cm)	Bemerkungen	
Froschlöffel *(Alisma plantago-aquatica)*	6–7	5–30	Weißlich-rosa Blüten, zierlich; längliche Blätter; dichte Büsche.	
Tannenwedel *(Hippuris vulgaris)*	7–8	10–60	Unscheinbare Blüten; grüne, walzenförmige Wedel, die nur im flachen Wasser herausragen; wächst üppig.	
Gauklerblume *(Mimulus x hybridus)*	5–10	0–10	Goldgelbe, 3 bis 5 cm große Blütentrompeten mit rotbrauner Zeichnung; unermüdlicher Blüher, der sich durch Samen reichlich vermehrt.	
Seerose *(Nymphaea-*Hybriden)	6–8	20–200	Sternförmige Schalen, je nach Sorte in Weiß, Gelb, Rosa, Pink, Rot, schwimmen wie die hufeisenförmigen Blätter flach auf dem Wasser; unzählige Sorten für verschiedene Situationen.	
Wassersalat *(Pistia stratiotes)*	7–8	10–20	Schwimmblattpflanze mit flauschigen Blattrosetten, gefurchtes Laub; Blüten unscheinbar; Exot, der in unseren Breiten nicht winterhart ist; ideal für Miniteiche.	
Wasserknöterich *(Polygonum amphibium)*	6–7	20–60	Hellrosa Blüten an langen Stielen über dem Wasser; längliche Blätter; wächst rasch; winterhart.	
Hechtkraut *(Pontederia cordata)*	7–8	10–30	Lilablaue Blütenkolben zwischen gestielten Blättern; wächst extrem stark, daher für große Flächen geeignet; sie sollte in Gefäße gepflanzt werden; frostfreie Überwinterung.	
Bachbunge *(Veronica beccabunga)*	5–9	0–20	Kleine, tiefblaue Ehrenpreisblüten über den rundlichen, glänzenden Blättern; kräftiger Wuchs, wird aber nicht lästig.	

Nutzgarten

Frisches Gemüse, Kräuter und Obst für Genießer

Der Taschentopf bietet Platz für weißgrüne Minze, Salbei 'Icterina', Rosmarin, kleinblättriges Basilikum und Weinraute.

Kartoffeln, Kohl und Lauch bauen heute die wenigsten Gartenbesitzer an. Wer dagegen Tomaten, Eichblattsalat, Lollo Rosso und Radieschen im Garten erntet, ist ganz up to date. Tipps für einen wirkungsvollen Tomatendünger und gegen Braunfäule sind mittlerweile schon beim Friseur im Gespräch. Klar, in Zeiten von BSE und Slow Food rücken Gemüse, Obst und Kräuter wieder stärker in den Mittelpunkt des Interesses. Deshalb liegen praktische Lösungen im Trend, wie man in unserer schnelllebigen Zeit sogar auf dem Balkon fix ein paar Kirschtomaten und frisches Basilikum aus der Ampel und dem Kasten pflücken kann.

Kräuter bringen Aroma und Abwechslung in die Küche. Geschmacklich kann da kein Würzmittel aus dem Suppenregal mithalten. Und es geht auch wirklich einfach, seitdem selbst Estragon und Boretsch als Topfpflanzen in vielen Supermärkten neben Gemüse angeboten werden. Man muss nur ein passendes Plätzchen finden. Am besten arrangiert man sie zusammen in einem Regal oder auf einer Etagere. So hat der Topfgarten im Handumdrehen ein Motto. Wer mit dem Platz sparsam umgehen muss, der setzt die Kräuter in einen Hanging Basket (siehe Seite 74) oder verwendet einen Taschentopf. Im Topf machen Kräuter wirklich viel Sinn. Heute sind unsere Kochgewohnheiten von der mediterranen Küche geprägt, und Basilikum, Rosmarin und Thymian wollen von der Sonne verwöhnt werden. Dem kann man auf diese Art und Weise am besten nachkommen. Wenn man mal wirklich viel erntet, wird fix ein abgeernteter Topf ausgetauscht. Im Herbst wandern die nicht winterharten Arten auf die Küchenfensterbank. Die Mehrjährigen versenkt man unauffällig im Blumenbeet und holt sie im Frühling wieder zurück ins Kräutereckchen auf der Terrasse.

Gemüsebeete sind ein attraktiver Gestaltungsaspekt. Eingefasst mit niedrigen Buchsbaumhecken erinnern die Reihen von Möhren, Salat und Erbsen an einen alten Bauerngarten. Als fixe Gestaltung eine hübsche Sache. Aber man sollte sich nicht verrechnen: Das macht Arbeit. Und wenn die Zucchini reif werden, dann gibt es jeden Tag... Als Hauptbestandteil eines Gartens hat der Gemüsegarten allerdings ausgedient. Dagegen sind die kleinen Genüsse am Wegesrand ganz trendy. Gelbe Tomaten und rotstieligen Mangold zieht man besser selbst, als dafür im Feinkostgeschäft viel Geld auszugeben. Man reserviert einfach für das Gemüse ein paar kleine Beete, die natürlich in der prallen Sonne

Gleich im ersten Sommer kann man sich aus dem Gemüsegarten selbst versorgen.

liegen sollten. Salate können aber auch ins Blumenbeet gepflanzt werden, und mit Feuerbohnen lassen sich Sichtschutzwände blickdicht begrünen. Die einfachste Lösung ist der Topf. Die Sorten sollten sich für die Kultur eignen. Von kleinen Gefäßen ist allerdings abzuraten, denn Gemüse braucht viel Wasser, und wenn es daran mangelt, leidet der Geschmack. Zinkwannen und ähnliche großvolumige Gefäße sind dagegen die ideale Lösung.

Früchte sind nicht nur im Familiengarten der Hit. Süße Erdbeeren und aromatische Äpfel verlocken jeden zum Naschen. Bäume von Stein- und Kernobst kann man gut in die Gesamtgestaltung des Gartens integrieren, sei es als Hausbaum oder als Schattenspender für die Terrasse. Beerensträucher ergänzen Blumenbeete oder kommen im Topf groß raus. Hochstämmchen von Johannis- und Stachelbeere beispielsweise tragen gleich im ersten Sommer so reich, dass man einen Kuchen davon backen kann. Das absolute Talent für eilige Gärtner besitzt jedoch die Erdbeere. Als Beeteinfassung oder Ampelpflanze, in Taschentöpfen und etwas versteckt in der Staudenrabatte steht die rote Sommerfrucht und will gepflückt werden, bevor es die Vögel tun. Wer beim Einkauf ein bisschen auf die Sorte achtet, wird sogar bis zum Herbst regelmäßig ernten können.

Schnittlauch: Wenn das Küchenkraut blüht, wird es zum Blickfang. Er eignet sich ganz toll als Beeteinfassung.

Sommerküche: Überbackene Tomaten und gefüllte Zucchini aus dem eigenen Garten schmecken herrlich und wecken die Erinnerungen an den letzten Urlaub in der Provence.

Frisch geerntet:

1. **Zucchini**
   Am besten schmecken die kleinen, zarten Früchte.
2. **Radieschen**
   Da gibt´s schon im Frühsommer was zu naschen.
3. **Aubergine**
   Die schwarzen Früchte machen viel her.
4. **Paprika**
   Ist knackig und gesund.

Bunter Salat: Wenn man Tomaten und Blattsalat im eigenen Garten ernten kann, entfällt das Problem der Frischhaltung. Außerdem kann man spontan eine köstliche Mahlzeit wie diese anrichten – natürlich mit frischen Kräutern gewürzt. Pflücksalat lässt sich in Töpfen oder auch im Blumenbeet ziehen. Setzlinge gibt es auf dem Markt. Man zupft immer nur die großen, unteren Blätter ab, dann wächst der Vorrat automatisch nach.

Mangold: Die rotstieligen Blätter dieses Blattgemüses sind ein toller Eyecatcher. Man muss ihn nicht ins Beet setzen, sondern kann ihn auch in Töpfen kultivieren. Wichtig: Mangold muss regelmäßig gegossen werden. Auf und neben dem Tisch stehen weiterhin noch klein bleibende Strauchtomaten. Sie brauchen grundsätzlich eine Stütze, damit sie die Last der Früchte tragen können. Diese Ecke auf der Terrasse ist ein Nutzgarten im Miniformat.

Blüten zum Essen: Kapuzinerkresse, Ringelblumen, Schnittlauch und Boretsch liefern im Sommer jede Menge Blüten, die man essen kann. In Salaten, als Tellergarnierung und auf der Suppe wirken die leuchtenden Farben besonders dekorativ, und man kann etwas Besonderes auf den Tisch bringen.

Apfelbaum: »Obst in Scherben« nannte man am sächsischen Hof die Apfel-, Birnen- und Kirschbäume im Topf. Und im Prinzip naschte man früher wie heute die Früchte direkt vom Baum. In Dresden standen die Gefäße allerdings als Tischschmuck auf der Tafel. Wichtig: Wählen Sie klein bleibende Sorten.

Naschobst: Im Grunde braucht man die Früchte aus dem eigenen Garten nicht mehr, um die Vorratskammer mit Kompott und Marmeladen zu füllen. Aber dennoch haben selbst gepflückte Erdbeeren, Äpfel und Weintrauben etwas Verführerisches. Deshalb sollte man sie im Garten haben. Dem steht auch nichts im Wege: Äpfel- und Kirschbaum geben eine tolle Figur als Hausbaum ab. Beerensträucher kann man am Gartenrand pflanzen und mit Weinstöcken eine Hauswand verkleiden. Und selbst auf Balkon und Terrasse gibt´s den ganzen Sommer lang Beerensträucher im Topf und Erdbeeren aus Ampeln.

Beereneis: Ein erfrischender Nachtisch für einen heißen Sommertag. Man nimmt jeweils eine Hand voll Erdbeeren, Johannis- und Himbeeren aus dem eigenen Garten, mischt sie vorsichtig mit weichem Vanilleeis und lässt alles in einer Gugelhupf-Form anfrieren. Anschließend wird das Dessert gestürzt und mit frischen Beeren dekoriert.

Im Topf: Johannisbeersträucher wachsen auch im Topf. Die roten Früchte kommen richtig toll zur Geltung, wenn man ein Hochstämmchen verwendet. So übernimmt der Beerenstrauch gleichzeitig die Funktion einer Kübelpflanze und gibt dem Sitzplatz einen verlockenden Rahmen. Nach der Ernte muss die Krone kräftig gestutzt werden.

Tipps & Tricks

praktisch & pfiffig

Damit es schnell geht und Sie sich im Garten, auf der Terrasse und dem Balkon richtig wohl fühlen

Wohnlichkeit

So wird der Garten richtig gemütlich

Blumen, rasch frisch im Garten gepflückt, machen den Kaffeetisch gleich viel wohnlicher.

Blumen, Bäume, Beete machen einen Garten aus. Bei der Gestaltung und Pflege freut man sich über jedes Lob. Es geht aber nicht darum, dass andere den Garten bewundern. Sie müssen sich wohl fühlen, denn Sie leben in dem Garten. Es sollte sich schnell Behaglichkeit einstellen, wie in einem Wohnzimmer. Die höchsten Ansprüche werden an die Sitzplätze gestellt. Hier spielt sich das Familienleben im Sommer zu mindestens 80 Prozent ab – wenn das Wetter mitspielt. Sehen Sie den Sitzplatz im Garten als Wohnraum an. Auch wenn Tisch und Stühle zunächst ausreichen, entstehen Ambiente und Gemütlichkeit erst durch die Umgebung aus Kübelpflanzen, angrenzenden Beeten und pfiffigen Dekorationen.

Die Anzahl der Sitzplätze muss bei der Planung sorgfältig überlegt werden. Der erste und wichtigste Platz ist und bleibt die Terrasse. Die Schönheit der Beete kosten Sie aber nur aus, wenn Sie daneben verweilen oder einen Cappuccino genießen können. Zudem bringt die Sommersonne viel Wärme mit. Wenn sich die Terrasse so richtig aufgeheizt hat, freut man sich auf die Siesta im Schatten des Kugel-Trompetenbaums. Es muss ja nicht immer gleich auf einem perfekt befestigten Boden sein. Eine Bistrogarnitur, manchmal auch nur eine Bank reichen für den Chill-out im Garten aus. Wichtig ist einzig und allein, dass die Möbel immer einladend bereitstehen: die Liege neben dem Gartenteich, die Hängematte auf der Veranda und der Stuhl in der Rosenlaube.

Bequemlichkeit muss groß geschrieben werden. Was nützt der reich verzierte Eisenstuhl, wenn man schon nach kurzer Zeit hin- und herrutscht, weil´s kneift und drückt. Die besten Gartenmöbel sind eben immer noch die, die man beim Sitzen nicht bemerkt. Von diesen Möbeln zu schreiben, ist eine Sache. Die andere ist: Man muss

Gartenliegen versprechen Entspannung und Erholung vom Alltagsstress

Stuhl und Tisch verheißen gesellige Stunden mit netten Menschen

Wer in der Hängematte liegt,
träumt nicht nur vom Sommer,
sondern genießt ihn in vollen Zügen.

Vor der Mauer sitzt man gut geschützt. Die einladende Gartenbank wartet bereits auf Besucher.

sie auch im Geschäft finden. Deshalb sollte man sich zuerst aufmachen zum Probesitzen. Per Katalog oder Internet geht es zwar fixer, aber was nützt die gesparte Zeit, wenn man sie unbequem oder mit dem Rückversand verbringt.

Stühle gibt es in den verschiedensten Materialien: Metall, Eisen, Plastik, Alu, Holz sowie verschiedene Flechtgewebe wie Loom und Rattan. Für die Bequemlichkeit spielt nur das eine Modell eine Rolle, auf dem Sie bequem sitzen. Das persönliche Empfinden ist ganz unterschiedlich, aber ausschlaggebend. Mit der Optik verhält es sich anders. Sie beeinflusst, ob man Lust verspürt, sich zu setzen. Es muss ja nicht lange sein, aber Harmonie hat etwas Anziehendes. Hochwertige Möbel müssen nicht schön geredet werden. Sie müssen nur zum Stil passen. Aber einfache Möbel brauchen Pepp. Weichholz wird mit einer farbigen Lasur zum Blickfang. Hussen und Decken machen aus PVC & Co. rasch ein Highlight.

Tja, und wenn Sie das nun alles überlegt haben, dann sollten zwei Dinge bedacht werden. Da wäre zunächst die Wetterfestigkeit. Für eine Open-Air-Terrasse müssen Stühle und Tisch Regen vertragen. Kompromisse sollten Sie gar nicht in Erwägung ziehen. Sind die Sachen erstmal weggeräumt, dauert es, bis sie wieder aufgestellt sind. Da mag man am Anfang noch optimistisch sein, aber wenn sich Routine einschleicht, wird der Morgenkaffee im Garten gestrichen. Weil es zu lange dauert! Loom und Rattan scheiden damit aus. Weichhölzer auch, es sei denn, sie sind mit einem wetterfesten Anstrich versehen. Stühle, die öfter mal auf dem Rasen stehen, sollten breite Füße haben, damit man nicht in der Grasnarbe versinkt. Stühle und Tischbeine müssen aufeinander abgestimmt sein. Nichts ist nerviger, als jedes Mal beim Rücken ein Glas umzuschütten.

Gut gepolstert wird manche Kante und Unzulänglichkeit abgefedert. Ein harter Stuhl, eine glatte Plastikfläche oder eine kalte Oberfläche vertuschen Sitzauflagen perfekt. Sie verleihen den Stühlen Sessel-Flair. Die Muster und Farben der Stoffe sollten sich in das Gestaltungskonzept des gesamten Sitzplatzes einfügen. Die Flächen sind groß und damit prägend. Aber natürlich gibt es auch ein paar praktische Aspekte für die Auswahl: Nehmen Sie keine allzu hellen Auflagen, damit nicht jeder einzelne Fleck mahnend leuchtet. Für die Stühle, die solo im Blumenbeet stehen, hält man einen kleinen Kissenvorrat bereit. Mit einem farbigen, freundlichen Stoffbezug schaffen Sie eine einladende Stimmung. Ein einzelner Stuhl wirkt schließlich etwas nüchtern, böse Zungen würden sagen »Wohl vergessen!«. Aber zusammen mit dem Kissen möchte man meinen, dass jemand nur vorübergehend aufgestanden ist. Dieser Mensch ist zu beneiden. Im Hochsommer werden die Kissen morgens ausgelegt und erst am Abend wieder eingesammelt – es sei denn, es braut sich am Himmel etwas zusammen.

Blumen auf Tisch & Stuhl

Blüten dürfen als Entertainer am Sitzplatz nicht fehlen. Sie sollten üppig sein und farblich zu Möbeln und Accessoires passen. Ist der Sommer noch jung und die Pracht in den Beeten noch zögerlich, sind Tricks gefragt. Blütenfülle entsteht durch Sträuße. Zugleich wird es mit Mustern auf Blumentöpfen und Geschirr blumig.

Niemals welken

die Blüten und Blätter auf Stoffen. Für Kissen und Decken drängen sich diese Dessins im Garten geradezu auf.

1. **Florales Flickwerk**
   Mit dieser edlen Patchworkdecke kommt Stimmung auf. Und Wärme.
2. **Blaue Stunde**
   Sehen Sie: Die Tischdekoration reicht aus für eine intensive Farbigkeit.
3. **Blüten gibt´s genug**
   Also stellt man sich einen Strauß auf den Tisch.

TIPP

Haben Sie Lust auf einen bunten Blütenmix?

Sammeln Sie einfach eine Hand voll Blüten und Blütenblättern, und legen Sie sie zusammen in eine Schale. So ein frisches Potpourri ersetzt den Blumenstrauß.

Blütenreich werden Sommerblumen und Dahlien erst, wenn man auch einmal einen Strauß schneidet. Der ist am Sitzplatz herzlich willkommen. Am besten schneidet man die Blüten morgens, wenn es noch kühl ist. Sie sollten möglichst rasch ins Wasser. Bevor man sie in die Vase stellt, müssen aber die Blätter abgestreift werden. Sie beschleunigen nur das Welken der Blüten und lassen das Vasenwasser faulen. Als Blattschmuck steckt man hartlaubige Zweige oder Efeu dazwischen. Dann bindet man den Strauß und kürzt die Stiele auf die richtige Länge. Sie meinen, nicht zum Florist geboren zu sein? Dann nehmen Sie ein paar Glasflaschen und stellen Einzelblüten hinein. Richtig toll sieht das in blauen Wasserflaschen oder weißen Weinflaschen aus. In der Sonne ist das schnelle Welken vorprogrammiert, daher den Sonnenschirm aufspannen oder die Vase fix unter den Tisch stellen.

Wenn es dunkel wird

Licht weist den Weg durch den Garten, wenn die Sonne untergegangen ist. Für das Vergnügen ist dieser Aspekt nicht unerheblich, schließlich können so auch Angsthasen den Abend entspannt genießen. Außerdem hat der Schein einer Kerze etwas sehr Anheimelndes und Urgemütliches. Da kommt keine Glühbirne mit!

Streichhölzer, Gasstrumpf und Kerzen reichen nicht aus für eine lauschige Stimmung. Auf Wandregalen, Mäuerchen und Etageren stellt man kleine Windlichter für die Grundbeleuchtung auf. Im Prinzip tut´s ein leeres Glas mit einem Teelicht. Schlichte Bambusfackeln, die mit Lampenöl befüllt werden, lodern in den Beeten. Grundsätzlich muss man beachten, dass der Schein der Kerzen nicht in Augenhöhe ist. Dies spielt für die Aufhängungshöhe von Laternen und Kerzenhaltern an der Wand eine Rolle. Von elektrischem Licht sieht man im Bereich des Sitzplatzes ab, weil jede Menge Insekten angelockt werden und aus dem Grillabend bald ein Anglerstammtisch wird.

Im Bereich von Stufen sind elektrische Bodenleuchten anzubringen. Damit die Verlegung der Kabel keine zusätzliche Erdarbeiten erfordert, legt man beim Bau der Treppe Leerrohre.

Strahler setzen Gräser bezaubernd in Szene. Mit einem Erdspieß werden die Leuchten neben den Horst gesteckt und nach oben ausgerichtet.

1. **Im Rampenlicht** Elektrisches Licht beleuchtet den Gartenweg.
2. **Flackern im Beet** Die Öllampe ist nicht nur abends Höhepunkt.
3. **Im Laternenschein** So kann man den Sitzplatz illuminieren, und der Tisch bleibt frei.

TIPP

Kerzen tagsüber aus der Laterne nehmen

Laternen sind Lichtquelle und Schmuckstück zugleich. Also lässt man sie im Sommer tagsüber draußen stehen. Aber die Kerzen sollte man in die kühle Wohnung stellen, sonst verformen sie sich.

Stimmungsmacher

Behaglichkeit heißt Wärme. Nun schwanken die Temperaturen in unseren Breiten erheblich. Näher zusammenrücken ist eine Idee, die aber auch ihre Tücken hat. Zuverlässiger sind ein loderndes Feuer und dicke Pullover. Heiße Getränke und Kerzenlicht sorgen dafür, dass sich die Atmosphäre nicht abkühlt.

Heizen Sie mal richtig ein. Ein paar Holzscheite und Zweige reichen, um in einem Feuerkorb die Flammen zum Züngeln zu bringen. Die Eisenkörbe brauchen unbedingt einen Untersetzer, um die seitlich herausfallende Asche aufzufangen. Die Körbe sehen dekorativ aus, und man kann sich in bequemer Höhe die Hände wärmen. Bei den Gartenarbeiten im Herbst und Winter werden Sie die Investition besonders schätzen. Schnell neben das Beet gestellt, kann man trockenes Schnittgut gleich hineinwerfen und sich zwischendurch mal die Finger wärmen. Für die Terrasse gibt es außerdem Feuerschalen, die auf dem Boden stehen. Man kann kleine Scheite hineinlegen und anzünden. Man sollte sie so in den Luftzug stellen, dass man am Sitzplatz von der aufsteigenden Wärme profitiert.

Decken hält man für die Abendstunden bereit. Eingemummelt in kuscheliges Fleece und weiche Wolle bleibt es selbst dann gemütlich, wenn die Quecksilbersäule einmal kräftig sinken sollte.

TIPP

Am Abend den Sonnenschirm aufspannen

und so die Wärme auffangen, die vom Boden aufsteigt. Mit einer Lichterkette in den Schirmsprossen wird es garantiert eine sternklare Nacht.

1. **Lichterfest** Kerzen brennen im Herbst, wo im Frühling Wicken keimen.
2. **Holzfäller-Romantik** So macht Arbeit Spaß!

Im Winter macht sich im Garten Tristesse breit. Kein Wunder! Aber so richtig gemütlich wird es im Wohnzimmer erst, wenn draußen auf dem Terrassentisch noch Kerzen brennen. Das schummrige Licht weckt typische Wintergefühle. Lassen Sie also ein paar Windlichter im Herbst stehen, und zünden Sie die Kerzen abends an. Auch eine Lichterkette mit Tannengrün, Schleifen und Zapfen wirkt romantisch. Nun schauen Sie abends in kein schwarzes Loch, sondern erahnen schemenhaft die Umrisse der Pflanzen. Die Erinnerungen an den Sommer und schöne Stunden auf der Terrasse werden geweckt. Merken Sie´s? Der Garten gehört zum Wohnraum.

Farbe

So fallen Dekorationen angenehm auf

Kürbisse haben Platz genommen. Dazu gesellen sich farblich passende Äpfel und Lampionblumen.

Die Kunst, mit Farben zu spielen, umfasst jede Menge pfiffiger und schneller Gestaltungslösungen. Dabei kommt es zum einen auf die Farben von Blättern, Blüten und Früchten an. Zum anderen helfen Accessoires dabei, eine Situation optisch aufzupeppen. Das Auge leitet den Reiz gleich weiter. Je intensiver und größer die Fläche, desto stärker ist die Anziehungskraft. Gleichzeitig wirken Farben auch auf die Emotionen. Beobachten Sie mal, welche Formulierungen die Sprache für Farben kennt: Rot wie das Feuer, kühles Blau, Grün ist die Farbe der Hoffnung – da wimmelt es von Empfindungen und Gefühlen. So kann man mit Farben viel bewirken.

Räumliche Begrenzungen steigern die Wirkung. Gestalten Sie reine Farbinseln, werden diese automatisch zum Blickfang. Es kommt also nicht auf die Quantität an, sondern vielmehr darauf, dass zwischen den Pflanzen und den Objekten ein harmonisches Zusammenspiel entsteht. Nehmen Sie beispielsweise eine weiße Biedermeierbank. Als Einzelstück ist sie einfach eine dekorative Sitzgelegenheit. Jetzt stellen Sie seitlich ein Margeritenbäumchen dazu, legen ein cremefarbenes Kissen auf die gleiche Seite. Ein paar dicke weiße Kieselsteine oder eine weiße Gießkanne stellen Sie nun einfach noch auf den Boden. Schon wird aus der Sitzgelegenheit ein idyllisches Eckchen. Die Konzentration auf die geringe Fläche betont das Zusammenspiel. Ganz ähnlich kann man einen einfachen Primeltopf zum Leuchten bringen, indem man in der Farbe der Blüten eine Schleife um das Gefäß bindet.

Konsequent muss man allerdings sein. Eine kleine, planlose Abweichung verwässert, die Attraktivität lässt stark nach. Es sei denn, man will einen Akzent setzen. Der wird notwendig, wenn sich Langeweile breit macht.

Blau in der Hauptrolle: Keramiken und Hahn verstärken das Vergissmeinnicht.

Im oben beschriebenen Beispiel ist dieser Pfiff das cremefarbene Kissen. Wäre es weiß, würde es nicht auffallen. Der feine Unterschied bringt das Weiß von Bank, Blüten und Steinen zum Leuchten. Das Entscheidende bei den farbigen i-Tüpfelchen ist die Ähnlichkeit zur Grundfarbe. An einer pinkgefärbten Kugel finden die hellrosa Schleierkrautblüten optischen Halt, und ein orangefarbenes Windspiel belebt die roten Dahlienblüten. Mitunter verstärken diese Details auch die Wirkung. Das ist gerade dann ein Lichtblick, wenn die Bepflanzung noch nicht so üppig blüht, wie man sie sich vorgestellt hat. Eine blaue Rosenkugel betont das Blau der noch spärlichen Rittersspornblüten. So kann man ganz fix dafür sorgen, dass die Staudenrabatte schon im ersten Sommer etwas hermacht.

Lieblingsfarben

haben bei der Gestaltung Vorrang. Sie tragen dazu bei, dass man sich wohl fühlt. Man muss nur darauf achten, dass sich die Vorliebe nicht abnutzt. Also die geliebten Rosatöne lieber etwas verstecken, sodass sie sich wie eine freudige Überraschung präsentieren. Diese Dramaturgie macht das Gestalten spannend. Übrigens: Farben geben dem Garten modischen Pepp. Studieren Sie in Modezeitschriften, was gerade »in« ist. Zwischentöne, die die Natur nicht so häufig bereit hält, bringen Sie mit Hilfe von Farbtopf und Pinsel ins Spiel. Als modische Accessoires müssen Töpfe und Kugeln ja keine Ewigkeit halten, sondern nur einen Sommer lang.

3

Setzen Sie auf Kontraste

Die Aufmerksamkeit steigt, wenn man zufällig auf etwas Unerwartetes trifft. Eine violette Glockenblume mitten zwischen den Studentenblumen macht stutzig, zwischen Katzenminze hätte man sie wahrscheinlich gar nicht wahrgenommen. Deshalb kann man mit kontrastierenden Farben etwas betonen oder Schwerpunkte setzen. Es ist, als ob man mit einem Textmarker ein paar Zeilen hervorhebt.

Accessoires eignen sich bestens für einen Kontrast. So bleibt der Gegensatz nur ein kleiner Fingerzeig, der auf eine bestimmte Pflanze hinweist.

1. **Hingucker**
   Der Schmetterling aus Emaille schmückt den kugeligen Zierlauch.

2. **Blau & Pink**
   Fingerhut schenkt dem Rittersporn Temperament.

3. **Tränendes Herz**
   Vor der blauen Glaskugel fallen die Blüten auf.

2

1

TIPP

Schmuckstücke dürfen wandern

Im Frühjahr liegt die dunkelrote Glaslinse noch zwischen den Stiefmütterchen. Sie wandert im Sommer auf den Teich, um im funkelnden Spiel mit der Sonne auf Seerosen hinzuweisen, und im Herbst liegt sie im Apfelkorb auf der Terrasse.

Bestimmte Farbduos empfindet man als besonders harmonisch. Es sind die sogenannten Komplementärkontraste. Diese beiden Farben enthalten immer alle drei Grundfarben und würden zusammen schwarz ergeben, wenn man sie im Malkasten vermischte. Es sind die folgenden drei Kombinationen: Blau und Orange, wobei sich Letzteres aus Gelb und Rot zusammensetzt; Gelb und Lila, gemischt aus Rot und Blau; Rot und Grün, als Mix aus Gelb und Blau. Diese Kontraste fallen auf, aber nicht unangenehm, deshalb eignen sie sich als Gestaltungsmuster für Blumenbeete und Dekorationen.

Modische Farbkontraste lassen sich toll integrieren. Echt schrill sehen drei verschieden große, pinkfarbene Töpfe mit orangen Ringelblumen aus. Ruhiger, aber cool wirken türkisgrüne Murmeln auf der Erde zwischen blaugrauen Hostablättern.

Hell-Dunkel-Kontraste

haben einen besonderen Reiz. Sie bringen Blüten zum Leuchten. Vor dem dunkelroten Laub einer tiefroten Schwarznessel leuchten die feurigen Blüten der Zinnien besonders intensiv. Goldgelben Osterglocken gibt man mit ein paar cremefarbenen Narzissen frühlingshafte Frische und Dynamik. Es ist wichtig, dass Accessoires, die einen solchen Kontrast bewirken sollen, mit Bedacht platziert werden und in der Höhe zu den Pflanzen passen.

Ein Bühnenbild

braucht eine gute Kulisse. Erst wenn der Rahmen stimmt, kann sich die Wirkung entfalten. Deshalb sollten Sie nicht nur auf das eigentliche Geschehen achten, sondern auch dem Hintergrund Beachtung schenken. Für eine gute Inszenierung ist ein ruhiger Hintergrund wichtig.

Pflanzen für eine schnelle Kulisse

Deutscher Name	Botanischer Name	Blattfarbe	Höhe (m)	Bemerkungen
Berberitze	*(Berberis* x *ottawensis* 'Superba')	rotbraun	1,5–2	Strauch, sehr wüchsig, etwas größere Blätter als *B.thunbergii*
Buchsbaum	*(Buxus sempervirens)*	dunkelgrün	0,2–2	immergrünes Formschnittgehölz, flacher Hintergrund möglich
Reitgras	*(Calamagrostis* x *acutiflora)*	grasgrün	0,6–0,8	straff aufrecht wachsendes Gras, mehrjährig, Blüten 120 cm hoch
Wasserdost	*(Eupatorium purpureum* 'Atropurpurea')	weinrot	1,5–1,8	dichtbuschige Staude, wächst schnell in die Höhe
Zierfenchel	*(Foeniculum vulgare* 'Smokey')	bronze	0,8–1	Staude mit nadelartigem Laub, der Horst wirkt wie eine Wolke
Efeu	*(Hedera helix)*	dunkelgrün	bis 3	Bodendecker und Kletterpflanze, immergrün, mehrjährig, Multitalent
Japanischer Hopfen	*(Humulus scandens)*	frischgrün	1,5–2,5	einjährige Kletterpflanze, Blätter liegen schuppig übereinander
Lorbeer	*(Laurus nobilis)*	dunkelgrün	0,6–2	immergrüne Kübelpflanze, nicht winterhart, Formschnitt möglich

Osterfreuden in Blau und Gelb verbreiten ihre Heiterkeit auf dem Balkon.

Einige besonders geeignete Pflanzen finden Sie in der Tabelle oben. Bei der Auswahl muss man darauf achten, wie hoch das Arrangement werden soll. Der Hintergrund sollte immer etwas höher sein als die ausgewählte Situation. Für größere Gestaltungen ist eine geschnittene Hecke ideal. Aus der Anordnung sowie der Größe der Triebe und Blätter ergibt sich die Oberflächenstruktur der Kulisse.

Wer nicht ungeduldig warten will, bis die Stauden in die Höhe geschossen sind, der setzt auf Sichtschutzmatten (siehe Seite 22). So kann man das farbliche Durcheinander hinter dem Gartenzaun ausblenden, und die eigene Gestaltung bekommt mit den ruhigen Strukturen in angenehmem Grün, Braun oder Beige einen Halt. Außerdem vermeiden Sie geschickt die Grundsatzdiskussion über Gartengestaltung mit dem Nachbarn.

Stilmittel

Eine klare Formensprache unterstützt die Gestaltung

Gießkannen für den täglichen Gebrauch schaffen stilvolles Ambiente.

Ausstrahlung bekommt ein Garten dadurch, dass er sich eigenständig zeigt. Dabei helfen Stilmittel, die Einzelsituationen wie auch das Gesamtbild prägen. Sie fragen sich, worin der Unterschied zur Farbe besteht? Nun, im Grunde bestehen ganz enge Verbindungen, denn die Accessoires für das Styling sollten ins Farbkonzept passen. Umgekehrt dürfen farbige Schmuckstücke keinen Widerspruch zum Stil darstellen. Das Wundervolle an der Gartendekoration ist: Sie übernimmt ihre Funktion sofort, ist für Ungeduldige also ein Gestaltungselement mit Sofortwirkung. Doch gemach. Die Euphorie sollte keinen Einfluss auf die Quantität von Figuren, Windspielen und Sockeln haben. Überfrachten Sie den Garten bloß nicht! Überraschende Einzelstücke und ungewöhnliche Blickfänge müssen in einem ausgewogenen Verhältnis zur Bepflanzung stehen.

Eine Stilberatung sollte schon zu Beginn der Gestaltung eingeplant werden. Grundstrukturen und Blumenbeete können den Stil klar unterstützen. Aber was, wenn man nun einen fertig angelegten Garten übernommen hat? Hier bleibt nur ein Kompromiss übrig. Die Stilmittel dürfen stärker in Erscheinung treten, und man muss seiner Linie treu bleiben. Wird man schwach, verwässern die Bemühungen, dem Garten einen Stil zu geben – aber das ist grundsätzlich so.

Die historische Gartenkunst und aktuelle Modetrends sowie der persönliche Geschmack sind bei der Entscheidung für einen Stil ausschlaggebend. In gewisser Weise spielt auch die Umgebung eine Rolle. Während die Architektur des Wohnhauses beim Brainstorming immer im Hinterkopf sein sollte, kann man das Umfeld gegebenenfalls mit Hilfe von Hecken und Sichtschutzwänden ausblenden.

Klassisch, formal, mediterran, ländlich, romantisch, englisch – all diese Begriffe beschreiben Stilrichtungen, die im Hausgarten anzutreffen sind. In einer italienisch geprägten Anlage wird man Terrakotta-Reliefs finden. Formale Strukturen werden durch Säulen und geometrische Objekte unterstützt. Büsten und schillernde Rosenkugeln fördern romantische Träume, während es mit Bleigefäßen und Sandsteinskulpturen klassisch wird. Ist Ihnen das alles ein bisschen zu steif, dann probieren Sie doch Ihren eigenen Stil aus. Moderne Kunstobjekte schaffen Individualität. Man muss beim Einkauf nur berücksichtigen, dass sie wetter- und winterfest sind.

Zwischen den Rosen macht eine romantische Bronzestatue wie diese eine gute Figur.

Florales Styling

Pflanzen spielen bei der Stilfrage eine bedeutende Rolle. Bambus beispielsweise bringt immer asiatische Anklänge in einen Garten. Die Fülle duftender Rosen bereitet der Romantik den Weg. Moderne Gestaltungen werden von raffiniertem Blattschmuck unterstützt. Das Zusammenspiel ist perfekt und beruht auf Gegenseitigkeit, denn viele Dekostücke sind reich mit Blüten und Blättern verziert.

Schmückstücke wollen integriert werden. Pflanzen haben das Talent dazu, legen Ranken über Statuen, verstecken zwischen Blättern eine Amphore.

1. **Viktorianisches Erbe**
   Elegante Vasen, Schalen und Möbel aus Gusseisen.
2. **Streifenlook**
   Das Muster des Topfes passt zur Blattzeichnung der Funkie.
3. **Country-Style**
   Mit Stuhl und Korb zieht der Landhausstil ein.

Ornamente spielen mit den Formen von Pflanzen. In den verschiedenen Epochen der darstellenden Kunst haben unterschiedliche Arten eine Rolle gespielt. In der Renaissance tut sich der Lorbeer hervor, und im Jugendstil die Akelei. Jeder Kulturraum stellt sich mit typischen Blumen und Blättern dar: Zitrusfrüchte in Italien und Zuckerahorn in Neuengland. Diese Zusammenhänge kann man sich beim Styling zunutze machen. Schnell bekommt der Orangenbaum in einem kunstvoll mit Orangen verzierten Tontopf Fruchtschmuck. Mit Lavendel macht sich am Sitzplatz echtes Mittelmeer-Flair breit.

Formenspiele kennt die Natur reichlich. Nutzen Sie diese. Herzlich wird es mit den herzförmigen Blättern des Kaukasus-Vergissmeinnichts und dem Tränenden Herz. Zierlauch greift mit seinen Blütenkugeln vorbildlich runde Beetformen auf.

TIPP

Die vier Jahreszeiten als Motto

Die Jahreszeiten als Steinfigur geben in vier Beeten jeweils den Ton an. Tulpen und Narzissen schmücken den Frühling, das Sommerbeet blüht Gelb. Der Herbst spielt mit Astern, und im Winter haben Christrose und Zaubernuss ihren Auftritt.

Farben prägen einen Stil unbewusst, sodass man den Eindruck dadurch rasch verstärken kann. Der klassische Trend lebt von der Kühle weißer Blüten und der Ruhe grauer und grüner Blätter. Da fügt sich das Hellgrau einer Bleiurne perfekt ein. Genauso gut kann man einen schlichten Tontopf in einem eleganten Anthrazitton streichen. Im ländlichen Garten spiegelt sich die Natürlichkeit wider. Den farbenfrohen Blumenbeeten werden braune Weidenkörbe entgegen- gesetzt. Da darf dann auch mal ein Hahn, auf Eisen gemalt, sein buntes Federkleid präsentieren.

Blätter, Blüten und Früchte mit Stil

Deutscher Name	Botanischer Name	Stil	Höhe (cm)	Bemerkungen
Palmkohl	*(Brassica oleracea* var. *acephala)*	Barock	70–120	zierender Blattkohl mit stark runzeligen, zungenförmigen Blättern
Fächerpalme	*(Chamaerops humilis)*	Mediterran	50–200	Kübelpflanze mit fächerförmigen, gestielten Blättern
Zitronenbaum	*(Citrus limon)*	Mediterran	60–150	immergrüne Kübelpflanze mit duftenden Blüten und gelben Früchten
Blaublatt-Funkie	*(Hosta sieboldiana* 'Elegans')	Jugendstil	40–100	Blattschmuckstaude mit herzförmigen Blättern; Blüte 6–8*
Trichter-Winde	*(Ipomoea tricolor)*	Jugendstil	200–300	einjährige Schlingpflanze, Blüten rot, rosa, blau, weiß, 7–10*
Madonnen-Lilie	*(Lilium candidum)*	Klassisch	80–150	mehrjährige Zwiebelblume, Blüten trichterförmig, Weiß, 6–7*
Lilienblütige Tulpe	(*Tulipa*-Hybride)	Klassisch	50–70	mehrjährige Zwiebelblume, Blüten gelb, rot, weiß, 4–5*
Wein	*(Vitis vinifera)*	Barock	150–500	rankendes Gehölz, ornamentale Blätter, Blüte 6*, Fruchtschmuck

* = Blütezeit in Monaten

Die Möbel an den Sitzplätzen im Garten mischen bei Stilfragen gerne mit. Das ist ein erheblicher Vorteil, weil man im Grunde gleich zwei Fliegen mit einer Klappe schlägt. Kleine Einzelsitzplätze setzen sich dauerhaft für den Stil ein. Im Schatten rundet eine gusseiserne Bank, deren Lehne und Sitz mit Farnen gestaltet ist, die pflanzliche Gestaltung ab. Einfache Klappstühle, wie man sie aus den Straßencafés in Südfrankreich kennt, verstärken den mediterranen Gartenstil.

In der Blatt-Collage strahlt die bauchige Amphore mediterrane Gelassenheit aus.

Einen Platz für Töpfe findet man zwar immer, aber mit Pflanzenmöbeln kommen selbst die Kleinsten ganz groß raus. Schalen mit Hornveilchen oder Küchenkräutern und die kleinen Raritäten finden auf eigens dafür reservierten Tischchen, Jardinieren und Etageren Platz. So kommen sie viel besser zur Geltung, weil man sich zum Betrachten nicht immer bücken muss. Reicht der Stellplatz für die Möbel nicht aus, dann hängt man Wandregale in Augenhöhe auf. Ideen gibt´s genug. Blättern Sie doch mal um.

Ein Sims: Die reich verzierten Bleigefäße kommen auf dem Vorsprung gut zur Geltung. Fehlt es an solchen Möglichkeiten, baut man aus Latten einen schmalen Tisch vor die Sichtschutzwand.

Eine Etagere: Der Herbst hält Einzug. Blüten und Früchte betonen die allmählich einsetzende Färbung des Wilden Weines an der Wand im Hintergrund.

Eine Wand: Ungeahnte Möglichkeiten. Sie wollen schnell und ohne viel Aufwand einen Blickfang schaffen. Dann nutzen Sie die Wand und hängen die dekorativen Eisenhalter auf. Hinein setzt man zwei Hornveilchen im Tontopf. Sehen Sie, so schnell geht das mit dem Gestalten. Und mit der Pflege sind Sie genauso schnell fertig, denn man muss die Pflanzen zwar regelmäßig gießen (vor allem wenn es eine Südwand ist), aber es sind ja nur die beiden Töpfe.

Ein Tisch: Die Terrasse ist groß geplant, damit man tolle Feste feiern kann. Aber was ist mit dem Alltag? Auf Tisch und Stuhl nehmen bezaubernde Geranien Platz. Diese Möbel werden nur gebraucht, wenn viele Gäste da sind. In der verbleibenden Zeit verbreiten sie ein wohnliches Ambiente am Sitzplatz. Im Hintergrund steht eine Eisensäule. Sie schafft ganz unauffällig einen Übergang zum Hintergrund, da sie einige Zentimeter höher ist.

Eine Säule: Mustergültig präsentiert sich der elegante Topf mit den großen Henkeln. Eine Säule gibt dem Topf bedeutungsvolle Höhe und eine Hecke schafft die Kulisse. Vor dem dunkelgrünen Laub kommen nun die zarten Blüten in verschiedenen Blau- und Lilatönen zur Geltung. So entsteht ein Bezug zu dem verwitterten Topf, in dem ein Reiherschnabel *(Erodium)* wächst. Im Herbst entfernt man die Pflanzen und legt einen dekorativen Kürbis in die Öffnung.

Hoch hinaus:

Zwei Obelisken geben dem Beet das ganze Jahr Struktur. Sie stellen sich mit ihren blauen Streben vor die hohe Gehölzkulisse im Hintergrund. Dadurch bekommt dieses Beet Bedeutung. Wahrscheinlich wäre man einfach daran vorbeigegangen. Jetzt schaut man genauer hin, was wohl von unten emporklettert.

Fruchtig:

Stellen Sie sich mal vor, da würde nichts am Ende des Weges stehen. Und? Ziemlich kahl und sachlich. Erst durch die Sandsteinsäule mit dem Fruchtkorb bekommt das Wegekreuz Halt. Buchshecken und edle Tulpen lenken den Blick ganz geschickt in die Richtung des Schmuckstückes.

Eyecatcher:

Schmuckstücke im Garten wollen inszeniert sein. Das heißt, sie müssen in die Umgebung eingepasst werden. Die Höhen muss man mit dem Hintergrund in Einklang bringen. Von bestimmten Fixpunkten aus soll das Bild harmonisch werden, damit Säulen und Figuren tatsächlich der krönende Abschluss einer Sichtachse sind. Anschließend wird der Rahmen gestaltet. Man kann eine Kulisse pflanzen (siehe Tabelle Seite 101), dazu ein paar Blumen oder Kletterpflanzen gesellen, sodass sie die äußeren Konturen verdecken. Sonst spielen sich die Accessoires plump in den Vordergrund.

Sonnig:

Die Sonnenuhr steht auf einer Säule und richtet ihren Pfeil gen Himmel. Am Fuß macht sich gelber Lerchensporn breit. Er hat das Talent, sich selbst im Garten auszubreiten, ohne dabei lästig zu werden. Ringelblumen, Kapuzinerkresse und Hornveilchen gesellen sich in den Hintergrund. Gelb- und Orangetöne kokettieren mit der Sonne.

Nass:

Das ständige Plätschern des Wandbrunnens beruhigt und entspannt. Optisch hält sich der Wasserspeier dezent zurück. Durch die anhaltende Feuchtigkeit bilden sich rasch Moose und Algen. Da sieht das Ensembel gleich old-fashioned aus. Wasserpflanzen wie der Tannenwedel und Bodendecker umspielen elegant die Formen.

Tapetenwechsel

Manchmal muss eine Veränderung sein

Vorher war es ein typischer kleiner Allerwelts-Garten ohne jeden Pep....

Abnutzung macht sich überall breit, und die Zeiten ändern sich. Wenn man dann einmal ausmisten und renovieren will, bietet es sich an, dem Garten ein neues Outfit zu verpassen. Das ist teilweise mit einer Radikalkur verbunden. Der Erfolg spricht aber in jedem Fall für sich. Mitunter übernimmt man auch so einen Garten, der jahrelang vor sich hingedümpelt hat. Nicht Fisch, nicht Fleisch. Ganz gleich, was einen zu der Hau-Ruck-Aktion bewegt, es ist wichtig, dass man zügig fertig ist. Schließlich soll der Alltag nicht darunter leiden, und man will rasch von der Erfrischung profitieren können.

Rasen pur und rundherum Beete – so präsentierte sich der Garten oben im Bild. Für einen Gartenfreak grenzt das an Horror. Um diesem zu entgehen, wurde alles von Grund auf überholt. Die Gegebenheiten, beispielsweise die Garage im Hintergrund und der Treppenabgang, sowie das Gartenhäuschen mussten bleiben. Aber von dem Rest erkennt man nach etwas mehr als einem Jahr nur wenig. Eintönigkeit ist der Vielfalt gewichen – eine Wohltat für die kleine Fläche. Die Strukturen unterscheiden sich in kleinen Details. Schwung bekommt die Gestaltung durch den Weg. Damit er richtig zur Geltung kommt, ist er mit Klinkersteinen eingefasst. So heben sich die beiden Gartenteile voneinander ab. Zusammengeführt werden sie durch die Rankbögen, die über den Weg führen. Hier wachsen nun Clematis und Kletterrosen gemeinsam in die Höhe.

Durch einen Anstrich fügt sich das Gartenhäuschen dezenter in das Gesamtbild ein. Die Regenwassertonne versteckt sich hinter einer Mauer aus Klinkersteinen. Im Schutz der Steine, die sich im Sommer gut aufheizen, wartet nun ein kleiner Sitzplatz auf Besuch. Die Beete sind bepflanzt. Zu jeder Jahreszeit kann man hier etwas Blühendes entdecken. Ein paar Quadratmeter Rasen unterbrechen das bunte Treiben und schaffen einen Ruhepol. Und die Garage hat eine grüne Mütze bekommen. Die Dachbegrünung verlängert den Garten zumindest optisch. Alles in allem macht dieser Tapetenwechsel doch Mut zum Nachmachen, oder?

...nach einer Totalrenovierung erstrahlt er selbstbewusst in seiner ganzen Individualität.

Garten in neuem Outfit

Als Anregung, was man aus einem Garten so alles machen kann, zeigen wir Ihnen dieses Beispiel: Ein Reihenhausgarten, wie er im Buche steht. Nichts Besonderes, nichts Großes und ein Paradies zum Toben für die Kinder. Doch irgendwann ist damit Schluss, und statt Schaukeln sind bei den Kids nun Disco und Sportverein angesagt. Der Garten verträgt jetzt eine Renovierung und eine individuelle Gestaltung.

► **Klassiker:** Die symmetrische Aufteilung des Gartens verleiht dieser Gestaltung eine formale Note. Ein Rosenbogen lädt zum Spaziergang ein. In der Mitte entfaltet sich eine Zierkirsche. Der Weg führt rechts und links daran vorbei und mündet vor der Sandsteinsäule. Eine Formschnitthecke verdeckt den Sichtschutz. Blumenbeete schmücken die Grenze zu den Nachbargärten, und in einer Ausbuchtung ist Platz für einen Gartenstuhl.

▼ **Wasserspaß:** Ein Gartenteich verheißt besonderes Gartenvergnügen. Er ist schnell angelegt (siehe Seite 82 ff.), und mit dem Holzdeck entsteht hier eine tolle Oase zum Faulenzen. Hohes Chinaschilf wächst schnell, und vom Nachbarn sieht man bald nichts mehr. Die Sichtschutzwand am Gartenende ist mit Schlingknöterich zugerankt. Das Beet davor setzt sich auf der anderen Seite fort. Blütensträucher und Stauden schmücken den Rahmen blumig.

◄ **Inside-Out:** Mitten in der Blumenwiese wird ein kleiner Bauerngarten angelegt. Damit es wie ein Garten im Garten aussieht, werden die Beete zur Wiese hin mit einem Spaltholzzaun eingerahmt. Das Wegekreuz ist mit Rindenmulch bedeckt. Ein schmaler Streifen der Wiese wird kurz gehalten, sodass man von der Terrasse aus leicht in den Garten gehen und auch zum Kompost gelangen kann. Fröhliche Sonnenblumen bauen sich vor der Sichtschutzwand auf.

Tulpen: Im Frühling blühen sie wieder. In der warmen Wohnung währt der Spaß nur kurz, im Topf vor dem Esszimmerfenster halten sie länger. Wer im Herbst ein paar Zwiebeln in Töpfe gelegt hat (siehe Seite 75), holt sie nun ans Haus und stellt die Gefäße in Übertöpfe und Körbe. Tulpen im Topf kann man aber auch kaufen.

Esprit: Frühlingsfrisch zeigen sich Narzissen und Hornveilchen mit ihren weißen Blüten. Passend zur Brutzeit der Vögel, die man an dem morgendlichen Gezwitscher erkennt, werden Eier in den verschiedensten Größen dazu gelegt. Nicht ganz wetterfest ist natürlich der ausgestopfte Vogel.

Blumige Stillleben:

Man braucht nicht viel, um rasch mal einen kleinen Blickfang zu gestalten. Auf Mauervorsprüngen, Tischen und Möbeln für Pflanzen (siehe Seite 105 ff.) werden Accessoires und Töpfe dekoriert. Sie sind ein kleiner Rettungsanker, wenn einem die Decke auf den Kopf fällt und man alles nicht mehr sehen kann. Farblich sollten die Dekorationen zusammenpassen. Und es muss gar nicht immer etwas Neues sein. Okay, die Pflanzen wird man frisch besorgen, aber man kann einfach mal ein tolles Stück Borke oder ein paar Zapfen dazu legen, um das Arrangement abzurunden.

Abgeerntet: In keiner Jahreszeit zeigt die Natur eine so große Vielfalt wie im Herbst. Die letzten Dahlien, Hagebutten, Esskastanien, Trauben, Äpfel und Holunderbeeren leuchten zwischen den gefärbten Blättern hindurch – fast wie auf einem barocken Ölgemälde. So sieht der Sitzplatz noch eine Weile einladend aus, auch wenn´s immer kälter wird.

Eingebläut: Blaue Gänseblümchen und Petunien bekommen von zwei Täubchen Besuch. Die typischen Balkonblumen ergänzen sich in der Höhe perfekt. Sie stehen auf dem blauen Tisch und zeigen, dass Eyecatcher wirklich mit wenigen Pflanzen auskommen. Jetzt ist es so schön, dass man am liebsten einmal blau machen möchte.

Der Balkon vorher – schlicht und trist.

Keine große Zauberei

Der Balkon ist so klein, dass man meint, er ließe keine großen Sprünge zu. Aber wie man sieht, steckt selbst in diesem Winzling eine Menge. Zum Glück hat der Architekt mitgedacht und das Balkongeländer durch große Pflanzkübel aus Beton ersetzt. Der Wurzelraum ist recht groß, und man kann blumige Mini-Beete anlegen.

Ideen für mehr

Atmosphäre auf dem Balkon kommem zuhauf, wenn man den Ausgangszustand (oben) sieht. Die Bepflanzung ist einfach viel zu flach und bieder. Da kann sich auf dem Balkon kein lauschiges Eckchen entwickeln. Mit Hilfe von Balkonblumen, die sich locker, fast buschig aufbauen, entsteht ein blumiger Sichtschutz, der in keiner Weise massiv wirkt. Wenn man aufsteht, kann man auch gut darüber hinwegsehen und die Nachbarn begrüßen. Hängegeranien, Zweizahn und Fächerblumen starten nach den Eisheiligen gleich durch und haben sich wirklich in wenigen Wochen toll entfaltet. Zugleich passen die pinkfarbenen Geranien optisch zu der Markise. Im Frühjahr bauen sich hier hohe Tulpen zwischen kleinen Trauerweiden malerisch auf. Im Winter steckt man ganz viel Tannengrün in die Erde und legt ein paar Lichterketten dazwischen.

Nun ist da noch die weiße Wand, die kahl wirkt. Ist man Mieter der Wohnung, kann es problematisch sein, hier ein Rankgerüst an die Wand zu dübeln. Da hilft die Feuerbohne. Sie wird zunächst an Bambusstäben entlanggeleitet. Diese stecken tief und fest in der Erde des Balkonkastens. Mit einem Draht, der bis über die Markise führt, entfaltet sich die Bohne an der Wand. So kann man den Sonnenschutz problemlos aus- und einfahren. Der Draht wird am Bambusstab und am Trog im oberen Stockwerk befestigt.

Stellt man eine Kletterpflanze im Kübel vor die Wand, dann wird das Spalier im Topf vor dem Bepflanzen fest verankert. Statt Pflanzkübeln können Sie Balkonkästen verwenden. Lässt der Platz es zu, hängt man sie nach innen. Das erspart Kommentare von unten, von wegen »Es rieselt, und wenn Sie gießen, tropft es«. Aber das Entscheidende ist natürlich, dass man viel mehr von der überhängenden Pracht hat.

Nachher: Bunte Blütenfülle sorgt für gemütliches Flair auf dem Balkon.

Mit Pinsel und Farbtopf

Farben beeinflussen den Eindruck ganz entscheidend. Deshalb genügt bei einem Tapetenwechsel auf Balkon und Terrasse manchmal der Weg in den Baumarkt. Dort gibt es alles, was man für den frischen Anstrich braucht. Achten Sie nicht nur auf eine peppige Farbe, sondern auch darauf, dass sich das Produkt für den Außenbereich eignet.

Holzspaliere und Holzdecks sowie Weichholzmöbel müssen gründlich gereinigt werden und natürlich trocken sein. Damit die Farbe in das Holz eindringt, schleift man die Latten an. Das ist zwar zugegebenermaßen etwas mühselig, aber es lohnt sich. Mit einer Bürste wird der Schleifstaub entfernt, und dann kann es los gehen. Wenn der erste Anstrich trocken ist, sollte man nochmals schleifen und ein zweites Mal streichen. So hält die Farbe gut. Auf diese Art kann man sich schnell und auch günstig einen Stuhl passend zur Rabatte streichen – ganz gleich, welche Trendfarbe man gerade vor Augen hat.

Töpfe bekommen gleich den passenden Anstrich. Einfache Blumentöpfe aus Ton kann man mit Dispersionsfarbe anstreichen. Mit groben Pinseln, Schwämmen und Schablonen lassen sich auf der Oberfläche tolle Effekte erzielen, und man hat ganz individuelle Töpfe. Das hält nicht ewig, aber nächstes Jahr dominiert vielleicht schon ein ganz anderer Modetrend.

1. **Vorbereitungen** Die Latten werden angeschliffen und gereinigt.

2. **Farbe aufbringen** Auf das trockene Holz wird die Farbe mit dem Pinsel aufgetragen.

3. – 4. **Boden-Koloration** Vorher zeigt sich die Holzterrasse in stumpfer Alltäglichkeit. Mit blauer Farbe spiegelt sich die Weite des Himmels am Boden – das Glück kann kein Wölkchen trüben.

Praxis

der schnelle Weg zum Erfolg

Und so wird alles richtig gemacht,
damit der Garten rasch auf einen grünen Zweig kommt

Guter Start

Das sind die Basics für den schnellen Erfolg

Humusreiche Erde beschleunigt ein gesundes Wachstum.

Mit gepflegtem, hochwertigem Werkzeug kommen Sie schnell zum Erfolg.

Beim Werkzeug scheiden sich gerne die Geister. Während der eine meint, dass man da sparen kann, setzt der andere auf hohe Qualität. Letzteres hat seine Berechtigung, denn wenn sich alle fünf Minuten die Harke vom Stiel löst oder die Schere stumpf wird, hat man nur Ärger, und die Arbeiten bestimmt nicht rasch erledigt. Spürt man am Tag nach der Gartenarbeit jeden Knochen, kann es sein, dass man nicht besonders fit ist, aber das kann auch am schlechten Werkzeug liegen. Achten Sie also auf gute Werkzeuge, mit denen das Arbeiten auch rückblickend Spaß macht. Allerdings sollte man zunächst mit der Grundausstattung anfangen: Spaten, Grabegabel, Rechen sowie Dreizahn für die Bodenbearbeitung, eine Gartenschere und eine Handschaufel für die Pflanz- und Pflegearbeiten.

Der Gartenboden stellt die Grundlage des Wachstums dar. Wenn seine Eigenschaften und das Bodenleben intakt sind, werden sich die Pflanzen schnell und üppig entwickeln. Natürlich kann man auch bei der Vorbereitung zur Pflanzung noch eine ganze Menge tun (siehe Seite 120 ff.). Aber der Lebensraum der Wurzeln will gepflegt werden, damit die guten Zeiten anhalten. Die Zauberformel für seinen Erhalt heißt Komposterde. Wer sie nicht selbst herstellt, kann reine Komposterde oder Rindenkompost auch im Fachhandel beziehen.

Pflanzeneinkauf ist ein Meilenstein bei der Gartenanlage, aber auch in späteren Jahren zum Saisonstart und Beginn der Sommerfreuden. Es ist ein Fest, wenn Bäume und Kletterpflanzen, Stauden, Zwiebelblumen und Sommerflor in den Garten einziehen. Damit die Schönheiten nicht enttäuschen, muss man sich von der entsprechenden Qualität (siehe nächste Seite) überzeugen. Der erste Schritt besteht jedoch darin, in einen Fachbetrieb oder ein Gartencenter zu gehen. Nutzen Sie die dort angebotene Fachberatung und klären Sie Ihre Fragen.

Das Angebot an Pflanzen ist breit gefächert. Man unterscheidet nicht nur die verschiedenen Arten, sondern auch die unterschiedlichen Größen. Natürlich macht ein Baum, der schon vier oder fünf Jahre alt ist, oder

Große Pflanzen machen gleich etwas her

eine Staude im Großcontainer viel mehr her als ein zweijähriges Gehölz oder eine normale, kaum ein Jahr alte Staude. Wer es eilig hat, sollte sich für die großen Pflanzen entscheiden. Man darf sich nur nicht wundern, wenn´s keine Schnäppchen sind. Deshalb müssen Sie zwischen Luxus und Geduld wählen – nach dem Motto »Zeit ist Geld«. Für eine Schnitthecke sollte man Folgendes berücksichtigen: Damit sich schon unten eine dichte Wand entwickeln kann, haben sich bei Hainbuchen beispielsweise junge Sträucher bewährt. Sie verweben ihre Seitenzweige gleichmäßig im unteren Drittel und bilden so ein undurchdringliches Dickicht. Kirschlorbeer und Liguster wachsen dagegen schnell, dass man ruhig größere Pflanzen nehmen kann.

Nehmen Sie die Pflanzen, die Sie kaufen wollen, gründlich unter die Lupe.

Mit größeren Pflanzen sorgen Sie gleich für mehr Gartenatmosphäre.

Gute Qualität von Pflanzen bedeutet, dass sie gesund sind. Das sagt sich einfach, dem Laien fällt die Beurteilung schwer. Hier ein paar Kriterien, die es zu beachten gilt: Der Wuchs sollte gleichmäßig sein. Gesunde Blätter sind grün und kräuseln sich nicht. Auf der Blattunterseite siedeln sich gern Schädlinge an. Fragen Sie bei einer ungewöhnlichen Entdeckung nach. Manchmal handelt es sich bei Flecken um eine Krankheit, manchmal um eine besondere Eigenschaft einer Art oder Sorte.

Der Wurzelballen sollte kräftig sein. Beim Austopfen darf die Erde nicht herausbröseln, sondern muss von den Wurzeln gehalten werden. Andererseits sollten sich die Wurzeln nicht dicht am Topfboden kringeln. Wenn Sie im Bekanntenkreis einen erfahrenen Hobbygärtner haben, fragen Sie doch einfach, ob er Sie begleitet. Für ein Stück Kuchen und einen Cappuccino lässt sich wohl jeder Pflanzennarr gerne zu einem ausgiebigen Gärtnereibummel überreden.

Anzucht

Die Kinderstube für Ihren Garten

Die Aussaat ist langwieriger als der Einkauf. Wer von seinem grünen Daumen nicht ganz überzeugt ist, sollte daher auch die Finger davon lassen. Wenn Sie aber ein richtiges Erfolgserlebnis suchen, dann säen Sie die Sommerblumen selbst aus. Ganz einfach ist die **Direktsaat**, die auf Seite 44 erklärt wird. Sie eignet sich allerdings nicht für alle Sommerblumen. Viele brauchen zur Anzucht einen warmen, geschützten Platz.

Sie brauchen zur Aussaat von Lobelien, Tagetes und anderen Sommerblumen Töpfe, flache Schalen aus Styropor oder Plastik, Etiketten und **Anzuchterde**. Letztere zeichnet sich durch einen geringen Nährstoffgehalt aus und ist sehr locker. Wer es richtig perfekt machen will, der kauft sich noch ein spezielles Sieb, um das Saatgut abzudecken, und ein Anpressholz, um die Samen anzudrücken. Die Anschaffung lohnt sich aber nur, wenn man es mit dem Hobby ernst meint. Anderenfalls rei-

1. **Werkzeuge** für die Vermehrung sind Töpfe, Gießkanne, Pikierholz und Messer.

2.–3. **Auf die Erde** wird der Samen locker gestreut und mit einem Holz angedrückt.

4. **Mit Erde bedecken** und alles mit feiner Brause angießen.

chen eine altes, grobes Küchensieb und ein paar Zentimeter Kantholz. Selbstverständlich sollte man auch das Saatgut von den gewünschten Blumen haben. Beachten Sie, dass Saatgut durch unsachgemäße Lagerung seine Keimfähigkeit verliert. Also besser ein frisches Tütchen kaufen als sparsam die Reste aufbrauchen und am Ende eine Enttäuschung zu erleben.

Schritt für Schritt geht es ans Aussäen. Zuerst werden die Gefäße mit dem Substrat gefüllt. Stoßen Sie die Töpfe oder Schalen auf, und drücken Sie die Ränder an. Nun die Oberfläche glätten. Mit dünnen Latten trennt man die Bereiche für verschiedene Arten ab, wobei sich die Keimbedingungen benachbarter Arten entsprechen sollten. Hornveilchen sind beispielsweise **Lichtkeimer**, die nicht mit Erde abgedeckt werden dürfen. Dagegen braucht das Vergissmeinnicht unbedingt eine dunkle Erdschicht. Angaben dazu finden Sie auf den Samentüten. Die Samen werden gleichmäßig verteilt und mit Anpress- oder Kantholz angedrückt. Je nach Bedarf werden sie dünn mit Erde übersiebt und mit einer feinen Brause angegossen. Die Saat sollte hell, nicht sonnig stehen und immer gleichmäßig feucht sein.

Pikiert wird, wenn das erste Blattpaar herangewachsen ist. Darunter versteht man das Vereinzeln in kleine Töpfe. Die Keimlinge werden dazu vorsichtig aus der Erde genommen – am besten immer an den Blättern anfassen. In einen vorbereiteten Torfquelltopf oder in die Erde im Blumentopf bohrt man mit dem Pikierholz ein Loch und setzt den Sämling hinein. Seitlich andrücken, anschließend gibt´s die obligatorische Dusche.

Abhärten muss man die Pflänzchen, bevor es ins Freie geht. Am besten stellt man einen Tisch an eine halbschattige Hauswand und platziert die Töpfe darauf. Wenn die Temperaturen nachts noch stark sinken, deckt man ein Vlies darüber. Es hält die Wärme. Auch in Hausnähe fällt das Thermometer nicht ganz so stark, weil die Wände Wärme abstrahlen. Nach ein paar Tagen kann man einen sonnigen Standort suchen. Nach den Eisheiligen werden sie in Beete und Töpfe ausgepflanzt.

TIPP

Sparen Sie sich das Pikieren

Legen Sie die Samen einzeln auf Torfquelltöpfe oder in Multitopfplatten. So entwickelt der Sämling bereits einen kleinen Ballen, der direkt gepflanzt werden kann. Ideal ist diese Methode bei größeren Samenkörnern, z. B. Duftwicken. Bei feiner Saat hält es dagegen sehr auf.

1. **In einen Torftopf** füllen Sie Anzuchterde. Je nach Größe haben darin ein bis drei Sämlinge Platz. Mit dem Pikierholz wird ein Loch gebohrt. Die langen Wurzeln des Keimlings knipst man mit den Fingern ab.
2. **Who is who?** Damit es keine Verwirrung gibt, und der Nachwuchs nicht durcheinander gerät, steckt man in jedes Töpfchen ein Etikett mit dem Namen der Pflanze.

Vorbereitung

Ohne diese Arbeiten gibt´s keinen Erfolg

Wo gepflanzt werden soll, müssen zunächst optimale Bedingungen für das Wachstum geschaffen werden. Das Stichwort heißt Bodenpflege. Zunächst muss erst mal alles, was den Wurzeln das Leben schwer macht, herausgesammelt werden. Steine und Unkräuter werden fein säuberlich entfernt. Wer Wurzelunkräuter wie Winden, Quecken und Giersch im Boden entdeckt, sollte unbedingt die Bremse einlegen. Falls man jetzt übereilt bepflanzt, wird man bald nicht nur feststellen müssen, dass in dem Spruch »Unkraut vergeht nicht« viel Wahrheit liegt, sondern auch sehen, dass man nicht unbedingt der Schnellste im Garten ist. Denn: Die Plage wächst rasant. Bremse einlegen heißt in diesem Fall, die Erde gründlich nach Wurzelstücken durchsuchen und gegebenenfallseine schwarze Mulchfolie auf das Beet legen. Nach zwei bis drei Wochen sind die verbliebenen Wurzelreste wieder ausgetrieben, und man kann sie restlos beseitigen. Erst danach setzt man die Beetvorbereitung fort.

1. **Grobe Steine** sammelt man auf.
2. **Mit der Grabegabel** lockert man den Boden.
3. **Unkräuter** werden gründlich samt Wurzeln entfernt.
4. **Mit dem Rechen** wird Sand, Dünger und Kompost eingearbeitet.

Ist der Boden durch Baufahrzeuge ruiniert, sollte man tiefgründig lockern. Das heißt, man gräbt vorzugsweise im Herbst die Erde zwei Spaten tief um und lässt die Klumpen liegen. Sie werden durch den Frost zerkleinert. Wer dagegen im Frühling noch viele andere »Baustellen« im Garten hat, überlässt die Arbeit der Bodenlockerung einer **Gründüngung**. Dazu sät man Senf, Bienenfreund, Sonnenblumen oder Esparsette in den späteren Beeten aus und lässt sie wachsen. Das geht zügig, und bald steht alles bunt in Blüte. Übrigens: Wer die Zeit hat, sollte seinem Garten eine solche Bodenkur und sich die Augenweide gönnen – ganz gleich, wie stark der Boden verdichtet ist.

Mit Dünger werden die Nährstoffreserven des Bodens wieder aufgefüllt. Durch eine Bodenanalyse oder mit einem Testset aus dem Fachhandel (Adressen finden Sie im Anhang) kann man den Nährstoffgehalt des Bodens ermitteln. So weiß man, ob ausreichend Nahrung für die Pflanzen vorhanden ist oder ob man für Nachschub sorgen muss und welche Nährelemente fehlen. Die Gründüngung reichert bereits auf natürliche Art und Weise Stickstoff an. Aber auch reife Komposterde führt nicht nur Humus, sondern auch Nährstoffe zurück. Bringt man reifen Kompost nach der Lockerung aus, dann löst man zwei Probleme in einem: Die Struktur des Bodens wird grundlegend verbessert, und man düngt. Da Gehölze und Gartenblumen in den ersten Jahren zunächst kräftig wachsen sollen, sind organische Dünger, etwa Hornspäne, ideal als Startdüngung. Die enthaltenen Nährstoffe werden langsam verwertet, daher ist diese Form einem mineralischen Präparat vorzuziehen. Letzteres wirkt rasch, und die wertvollen Nährelemente sind bereits vom Regen ausgewaschen, wenn die Pflanzen Fuß gefasst haben. Später leisten Mineraldünger dagegen gute Dienste bei der Pflanzenernährung.

Vor dem Pflanzen werden die Rasenkanten gerade und tief abgestochen.

Sand sollte man untermischen, wenn der Boden schwer und lehmig ist. So kann Regenwasser leichter abfließen. Quarzsand wird zusammen mit Kompost und Dünger auf dem Beet ausgebracht. Mit einem Dreizahn arbeitet man die Stoffe oberflächlich ein. Abschließend wird die Fläche mit dem Rechen glatt gezogen, und man kann mit dem Pflanzen beginnen. Halt, da war doch noch was: Blumenbeete wirken piccobello ordentlich, wenn die Kante zum Rasen sauber abgestochen ist. Deshalb sollte man diese Arbeit noch vor dem Pflanzen hinter sich bringen. Der Erfolg spricht am Ende für sich – oder besser für Sie.

Reifer Kompost und Hornspäne reichern den Boden mit Nährstoffen an.

TIPP

Dauerhaft saubere Kanten

Wenn Sie sich das Abstechen des Rasens in Zukunft ersparen wollen, dann setzen Sie Kantensteine. Sie sollten so tief liegen, dass man die Rasenränder bequem mähen kann. Oder Sie versenken eine Rasenkante aus Kunststoff.

Einpflanzen

Ein guter Start für Bäume und Sträucher

Das Pflanzen

von Sträuchern wird zur Routine, wenn man sich auf die einzelnen Schritte konzentriert. Damit das Einwurzeln schnell erfolgt, sollte der Grund des Pflanzlochs gründlich mit Grabegabel oder Spaten gelockert werden. Auf einem schweren Boden arbeitet man gleich noch Komposterde in der Tiefe ein.

Geschnittene Hecken sollten möglichst in der Flucht stehen. Deshalb spannt man eine Pflanzschnur gemäß dem geplanten Verlauf der Hecke und hebt einen Graben aus. Nun stellt man die Pflanzen hinein und kontrolliert die Abstände.

1. **Heckensträucher**
   Ein Graben erleichtert das Pflanzen in gerader Reihe.

2.–5. **Sträucher pflanzen**
   Wässern gehört zu den Vorbereitungen. Inzwischen wird das Loch geschaufelt und der Aushub mit Kompost verbessert. Nun den Strauch ins Loch setzen, Erde anfüllen, behutsam antreten und gut angießen.

Gehölze mit einem festen Wurzelballen, also Pflanzen aus dem Container oder Ballenware, können problemlos eingepflanzt werden. Man muss nur darauf achten, dass die Rinde vor allem im unteren Drittel von Stamm und Ästen keinen Schaden nimmt. Steht sie im Saft, ist sie zum Teil sehr empfindlich. Containerpflanzen haben durch den Ballen nahezu unbegrenzte Pflanzzeit. Immergrüne sollten bis Anfang Oktober in der Erde sein, damit sie einwachsen können und im Winter keine Probleme mit Trockenheit haben. Bei Frost macht das Pflanzen keinen Sinn, aber auf gefrorenem Boden wird das Graben ohnehin zur Tortur. Wurzelnackte Pflanzen kann man dagegen nur in der Winterruhe verpflanzen, wenn das Laub bereits abgefallen ist.

Der Stamm eines Baumes sollte gerade sein. Also muss man darauf achten, dass der Baum wie eine Eins einwurzeln kann. Daher braucht man für Bäume einen Pfahl, der dicht neben dem Stamm steht. Bevor das Pflanzloch geschlossen wird, muss die Höhe des Ballens ausgeglichen werden, damit der Baum genauso tief in der Erde sitzt wie zuvor. Legen Sie eine Latte quer über das Pflanzloch. An der Rinde des Baumes sieht man, wie hoch er gestanden hat. Entweder man gräbt nochmals tiefer oder unterfüttert den Ballen mit dem Aushub. Wenn das Pflanzloch wieder verfüllt ist, wird der Baum am Stützpfahl ausgerichtet und befestigt. Dazu verwendet man eine weiche Schnur aus Kokosfasern oder Sisal und legt sie wie eine Acht mehrfach um Stamm und Holzpfahl. Ist der Baum eingewachsen, kann die Stütze enfernt werden. Abschließend formt man um die Wurzel einen Gießrand.

1.–2. Pflanzschnitt Zunächst wird die Krone geformt, damit sich ein regelmäßiges Astwerk entwickelt. Alle Triebe werden auf ein Drittel eingekürzt.

3. Das Ballentuch wird am Stamm aufgeknotet. Es verbleibt locker um den Ballen und verrottet im Boden.

4. Mit dem Schlauch wird die Erde eingeschlämmt. Ein Pfahl gibt dem Baum Standfestigkeit.

Stauden einpflanzen

Ein richtig gutes Gefühl macht sich breit, wenn man endlich die Blumenbeete bepflanzen kann. Stauden, Zwiebelblumen und Rosen verheißen üppige Blütenpracht und werden damit ganz gewiss nicht mehr lange auf sich warten lassen. Zum Teil können sie sogar blühend gepflanzt werden.

Der Zeitpunkt

für das Anlegen von Staudenbeeten ist im Herbst optimal. Die Pflanzen können bis zum Winter einwurzeln und im Frühjahr gleich durchstarten. Aber wie es nun mal so ist, bestimmen Ausnahmen die Regel: Arten, die frostempfindlich sind, sollten erst im Frühling ergänzt werden. Beispiele sind Herbstanemonen und Winterastern. Für alle anderen muss man bei der Herbstpflanzung für einen guten Winterschutz sorgen. Das macht jedoch Arbeit. Andererseits ist das Frühjahr die klassische Pflanzzeit. Deshalb gibt es im März und April auch Stauden in reicher Auswahl und bester Qualität in Gärtnereien und Gartencentern. Sie sind jetzt verwirrt und wissen nicht, wie Sie es richtig machen sollen? Kein Problem! Pflanzen Sie, wenn es Ihnen in den Kram passt. Wenn Sie im Herbst das Kapitel »Gartenanlage« endlich abschließen möchten, steht der Staudenpflanzung nichts im Wege. Haben Sie keine Lust auf Winterschutz, dann warten Sie einfach bis März.

1. **Einkaufen** Bei blühenden Exemplaren lassen sich die Arten leicht erkennen.
2. **Auslegen** Die gewässerten Stauden werden ausgetopft und nach Pflanzplan ausgelegt.
3. **Einpflanzen** Mit dem Handspaten geht's am leichtesten.
4. **Angießen** Zum Schluss wird gründlich eingewässert.

Natürlich kann man auch im Sommer Stauden pflanzen. Das Aber folgt auf der Stelle: Der Pflegeaufwand ist dann etwas höher.

Pflanzabstände

werden – wie auf Seite 54 bereits ausführlich erläutert – eingehalten. Das sollte man beim Einkauf in Hinblick auf die Mengen bedenken. Vor dem Pflanzen stellt man die Stauden für mehrere Stunden in eine Wanne mit Wasser. Inzwischen kann man schon den Pflanzplan auf das vorbereitete Beet übertragen. Auf dunklen Böden nimmt man Sand, auf hellen eher Komposterde und markiert damit die Ränder der Flächen. Die Stauden werden ausgetopft und an den entsprechenden Stellen ausgelegt. Wenn die Wurzeln durch den Plastikcontainer gewachsen sind, schneidet man den Topf mit der Schere auf. Anschließend wird gepflanzt, wie links beschrieben. Zum Abschluss erfolgt gründliches Einwässern. Auch wenn die Beschreibung der Handgriffe aufwändig klingt, geht die eigentliche Arbeit schnell. Und deshalb sollte man gleich noch Mulch zwischen den Stauden ausbringen. Er verhindert, dass sich in den Zwischenräumen Unkräuter breit machen und hilft, Feuchtigkeit im Boden zu halten (siehe Seite 128).

Rosen im Topf

können zu jeder Jahreszeit gepflanzt werden. Aber die Königin der Blumen will gehätschelt werden. Das heißt: Heben Sie ein tiefes Pflanzloch aus und lockern Sie den Grund mit dem Spaten. Nun wird das Loch mit Wasser gefüllt. Damit ist der Boden tiefgründig feucht. Der Aushub wird mit Komposterde gemischt. Nun die Rose einsetzen. Ihre Wurzeln sollten locker in das Pflanzloch hängen und die Veredlungsstelle mit Erde bedeckt sein. Dann den Aushub einfüllen und kräftig gießen – auch in den nächsten Wochen.

1. Containerrosen werden so gepflanzt, dass die Veredlungsstelle (kleines Bild) drei Finger hoch mit Erde bedeckt ist.

2. – 3. Dahlienzauberei In wenigen Wochen entwickeln sich aus den Knollen der nicht winterharten Schönheiten prachtvolle Blütenbüsche.

TIPP

Dahlien pflanzen

In die Lücken des Staudenbeetes passen gut Dahlien. Sie werden erst Ende April gepflanzt. Deshalb sollte man sich diese Stellen mit einem Blumentopf markieren. Sie können die Dahlien auch an einer geschützten Stelle vortreiben (siehe Seite 51).

Pflegen

Lassen Sie keinen Durst aufkommen

Ohne Wasser und damit auch ohne Gießen geht es nicht. Vor allem im Sommer trocknet die Erde schnell aus. Kübel und Kästen sind besonders gefährdet. Das Ärgerliche ist nicht nur, dass die Pflanzen schlappmachen, auch das Wachstum kommt ins Stocken. Deshalb sollten Sie strategisch vorgehen. Morgens ist es kühl, und was Sie gießen, kommt auch bei den Wurzeln an. Nachmittags verdunstet ein Großteil des Wassers schon vorher. Gießt man in der Frühe, trocknen die Blätter und Blüten schnell ab. Pilzkrankheiten, die sich bei anhaltender Feuchtigkeit breit machen, haben keine Chance. Mit dem Wasservorrat an den Wurzeln kommen die Blumen gut über den Tag und die Nacht. Das Wachstum wird nicht gebremst.

1. **Der Tropfschlauch** wird direkt im Beet zwischen den Pflanzen verlegt.
2. **Mit der Gießkanne** werden Topfpflanzen regelmäßig gegossen.
3. **Mit der Brause** geht es schnell und bequem. Am besten gleich morgens gründlich wässern.

Zeit sparen kann man beim Gießen durch eine automatische Bewässerung. Tropfschläuche und Tröpfchenbewässerung gießen quasi automatisch. Außerdem gelangt das Wasser gezielt an die Wurzeln. Aber Vorsicht: Ein Kontrollgang ist unerlässlich. Ist eine Düse verstopft, muss von Hand nachgegossen werden.

TIPP

Töpfe gehen auf Tauchstation

Wenn man im Sommer das Gefühl hat, man kommt im Topfgarten mit dem Gießen nicht hinterher, dann nimmt man einen großen Eimer, füllt ihn mit Wasser und stellt die Töpfe hintereinander hinein, bis keine Blasen mehr aufsteigen.

Gegen den Hunger

Dünger enthält die Nährstoffe, die Pflanzen brauchen, um sich optimal zu entfalten. Das heißt: um zu wachsen, zu blühen und zu fruchten. Es kommt auf den richtigen Dünger an. Für die Blattbildung ist Stickstoff besonders wichtig, für die Blütenbildung dagegen Phosphor. Die optimale Dosierung spielt dabei eine große Rolle.

Viel hilft nicht viel. Diese Grundregel des Düngens sollten Sie unbedingt verinnerlichen und sich deshalb ganz genau an die Empfehlungen des Herstellers auf der Packung halten. Weiterhin ist die Wirkung der Dünger unterschiedlich rasch. **Organische Dünger**, wie Hornspäne und Guano, setzen die Nährstoffe langsam frei. Deshalb lässt die Wirkung zunächst etwas auf sich warten. **Mineralische Dünger** wirken dagegen rasch, weil die Nährstoffe direkt von den Pflanzen verwertet werden können. **Langzeitdünger** sind intelligente Dünger, denn sie geben die Nährstoffe langsam, aber stetig ab. Also einen Teil sofort und einen anderen im Verlauf der Saison. Sie machen das regelmäßige Nachdüngen überflüssig.

Im August ist Schluss mit dem Düngen. Jetzt ist es wichtig, dass die mehrjährigen Pflanzen, also Stauden und Gehölze, zur Ruhe kommen, damit sie bis zum ersten Frost ausreichend abgehärtet sind und gut durch den Winter kommen.

1. **Dünger direkt neben** der Pflanze einarbeiten.
2. **Langzeitdünger** hat eine Depotwirkung, die je nach Zusammensetzung mehrere Monate lang anhält.
3. **Ins Erdreich mischt** man Dünger am besten vor dem Pflanzen.
4. **Gleichmäßig verteilt,** ist die Wirkung optimal. Was hier lässig aussieht, braucht etwas Übung.

Der Mulch macht´s

Häcksel, Rinde, Stroh und Rasenschnitt eignen sich, um die Erde zwischen den Pflanzen abzudecken. Damit pflegt man nicht nur den Boden, regt das Bodenleben an und ernährt die Pflanzen, sondern spart auch noch viel Zeit. Eine Mulchschicht verringert die Verdunstung und verhindert, dass sich Unkräuter breit machen.

Humus ist die Grundlage für einen gesunden Boden. Er wird durch Tiere, Pilze, Bakterien und andere Mikroorganismen gebildet. Dabei entsteht Wärme, und zugleich wird die Bodenstruktur verbessert – beides ideale Bedingungen für gutes Wurzelwachstum. Mit pflanzlichem Mulch führt man dem Boden reichlich Humus zu. Zwar sind die Pflanzenfasern noch sehr grob, aber sie werden allmählich zersetzt. Das merkt man vor allem daran, dass die Abdeckung zusammensackt und verschwindet. Verwendet man zum Mulchen sehr frisches Material, zum Beispiel Rasenschnitt und Häcksel, ist es günstig, reifen Kompost oder Hornspäne hinzuzufügen. Durch die Zersetzung wird nämlich Stickstoff aus dem Boden gebunden. Dieser steht den Pflanzen nicht mehr zur Verfügung, und das Wachstum kommt ins Stocken.

Direkt nach dem Pflanzen bringt man das erste Mal Mulch in den Beeten, auf Baumscheiben und unter Sträuchern aus. Anschließend verteilt man ihn regelmäßig, sodass im Frühling und Herbst die Mulchdecke aufgefrischt wird. Je gröber das Material, desto langsamer zersetzt es sich. Das heißt, meist reicht einmaliges Mulchen. Im Herbst ausgebracht, übernimmt die Decke die Funktion eines Winterschutzes. Wer Mähgut vom Rasen oder einer Wiese verwendet, der sollte darauf achten, dass der Schnitt erfolgt ist, bevor sich Fruchtstände gebildet haben. Anderenfalls holt man sich jede Menge »Unkraut«, wie beispielsweise Löwenzahn, ins Beet.

1. **Mulch-Vielfalt** Im Uhrzeigersinn: Frischer Rasenschnitt, Stroh, Rindenmulch, Sägemehl, Herbstlaub, Häcksel, Komposterde, Holzwolle und in der Mitte trockenes Mähgut.
2. **Beim Mulchen** wird gehäckseltes Schnittgut unter Sträuchern und zwischen Stauden verteilt.

Blumen brauchen Halt

Vom Wind zerzaust, macht keine Gartenblume einen guten Eindruck. Deshalb sollte man die hohen Arten vorsorglich vor dem Um- und Abknicken bewahren. Im Zusammenhang mit Kletterpflanzen wird der Garten durch Blütensäulen, Bögen und Wände bereichert. Dabei müssen die Triebe geführt werden, damit sich ein gleichmäßiges Bild und eine dichte Blütentapete ergibt.

Stabile Stützen

sind aus Metall. Sie sollten eine dezente Farbe haben, damit sie nicht stören. Ein paar Schnörkel überbrücken blütenlose Zeiten.

1. **Spaliere**
   halten rankende Triebe.

2. **Rosenbögen**
   tragen oft schwere Blütenlasten. Für freien Durchgang werden die Triebe regelmäßig angebunden.

3. **Staudenstützen**
   wie diese aus Eisen können sehr dekorativ sein.

TIPP

Rosentriebe quer legen

Damit Kletterrosen üppig blühen, legt man die Basistriebe möglichst waagerecht an das Rankgerüst oder wickelt sie wie eine flache Spirale um den Obelisk. So wird die Entwicklung von Blütentrieben in den Knospen angeregt.

Gartenblumen

lässt man am besten gleich in einen Halter wachsen. Die Höhe der Stütze hängt von der Höhe der Horste ab. Am Anfang ist das Wachstum meist noch straff nach oben gerichet. Erst wenn die Endhöhe erreicht ist und sich Knospen bilden, fallen die Horste auseinander. Das frühe Aufstellen bewirkt, dass der Halter im Blätterdickicht verschwindet. Übrigens: Wenn das Staudenbeet eingewachsen ist, stützen sich die Horste meist gegenseitig. Nur Rittersporn und Herbstastern benötigen unbedingt Unterstützung. Für hohe Sommerblumen, die wenig standfest sind, gibt es zwei Möglichkeiten: Tuffs setzt man ebenfalls in einen runden Halter. Eintriebige Arten, wie Sonnenblumen, Zierlauch und Gladiolen, bindet man an einen Bambusstab an. Starre Triebe von Kletterpflanzen befestigt man mit einem weichen Baumwollfaden. Ranken legt man so ans Spalier, dass es sich rasch begrünt.

Schneiden

So kurbeln Sie das Wachstum an

Mit der Schere können Sie in punkto Blütenreichtum und Wachstum bei Gehölzen viel erreichen. Wenn man etwas wegschneidet, wird der Neuaustrieb angeregt. Das beschleunigt das Wachstum der Pflanze insgesamt. Man muss nur wissen, wo der Schnitt zu welchem Zeitpunkt durchgeführt werden sollte. Grundsätzlich gilt: Schneiden Sie leicht schräg und immer direkt über einem Auge. Dieses treibt dann in der Regel als erstes aus. Wenn der Strauch oder Baum in die Breite gehen soll, sollte das Auge nach außen zeigen. Will man eine dichte Krone erzielen, sollte es nach innen gerichtet sein. Der Stummel über dem Auge darf kaum länger als einen Zentimeter sein. Er trocknet ein, das heißt, er wird braun und sieht hässlich aus. Zugleich können sich hier Schädlinge ansiedeln.

Im Frühling blühende Gehölze, wie Forsythie und Flieder, schneidet man direkt nach der Blüte zurück, weil die neuen Triebe bis zum Herbst voller Blütenknospen sitzen. Vor allem alte, dicke Äste

1. Zweige schneidet man dicht über einem Auge (=Knospe) ab.

2. – 3. Sommerflieder wird im Frühling stark zurückgeschnitten, damit viele junge Äste mit dichtem Blütenbesatz austreiben.

4. Alte Rosentriebe lichtet man aus.

werden weit unten aus dem Strauch genommen, ebenso solche, die aneinander reiben. Schneiden Sie nicht nur die Spitzen, sondern so, dass die Gehölze von weit unten neue Triebe bilden können. Sonst sitzen die Blütentriebe immer nur wie ein Besen oben auf dem alten, schütteren Astgerüst. Auch einmalblühende Kletterrosen werden direkt nach der Blüte im Frühsommer geschnitten.

Sommerblüher wie der Schmetterlingsflieder *(Buddleja)* werden erst im Februar oder März geschnitten. Sie dürfen noch nicht ausgetrieben haben. Alle Äste werden kräftig gekürzt. Trauen Sie sich, radikal zu sein. So baut sich schnell eine üppige Krone auf.

Rosen schneidet man im Winter. Die Geister scheiden sich gern, wenn es um die Königin der Blumen geht. Grundsätzlich muss man darauf achten, dass der Stock jung und vital bleibt. Die dicksten, verholzten Triebe werden herausgenommen. Bei Beetrosen können die Äste auf ein Drittel gekürzt werden. Strauchrosen sollten im Herbst grob zurückgeschnitten werden, sonst drückt der Schnee die Büsche stark auseinander. Die Feinarbeit folgt im Frühling.

Immergrüne werden meist in Form geschnitten. Mit einer elektrischen Heckenschere werden die Wände an der Gartengrenze gerade. Für kleine Figuren nimmt man den Rasenkantenschneider oder eine Heckenschere. Wichtig: Man sollte vor allem im Sommer bei anhaltend bedecktem Wetter schneiden, sonst verbrennen die Blätter. Weiterhin ist ein häufiger Schnitt wichtig, damit dichte, kompakte Gartengrenzen und Einfassungen entstehen. Am Anfang wird zwei Mal im Jahr geschnitten.

1. Heckenschnitt Leiter und Holzlatte sorgen für gerade Kanten.

2. Die Heckenschere bringt den Buchskegel in Form.

3. – 4. Nach der Blüte wird der Mandel-Hochstamm gestutzt, damit es im nächsten Jahr wieder viele Blütentriebe gibt.

Tricks

für noch mehr Blüten und schöne Früchte

1. Hagebutten leuchten orangerot. Aber nur, wenn man die welken Blüten stehen lässt.

2. Verblühte Rosen schneidet man ab und kann kurze Zeit später neue Knospen entdecken.

3. Rittersporn blüht ein zweites Mal, wenn man ihn zurückschneidet.

4. Auch Feinstrahl treibt nach dem Rückschnitt ein zweites Mal Blüten.

Die Pracht vieler Blüten will mit einigen fachmännischen Handgriffen gelockt werden. Die so genannten remontierenden Stauden und auch mehrmals blühende Rosen sollte man frühzeitig zurückschneiden. Mit Dünger und reichlich Wasser kommen die Pflanzen wieder in Schwung, und in der zweiten Sommerhälfte gibt es nochmals eine ansehnliche Nachblüte.

Üppiger wird die Blütenpracht der Sonnenbraut im ersten Jahr, wenn man den Austrieb einmal zurückschneidet, solange noch keine Blütenknospen zu sehen sind. Es reicht im Grunde, die weiche Spitze mit den Fingern auszubrechen. Dadurch bilden sich Verzweigungen und damit etwa doppelt so viele Blüten. Außerdem wird die Standfestigkeit der Horste deutlich erhöht. Dieser Trick klappt auch bei Herbstastern, Chrysanthemen, Katzenminze und Sommersalbei. Der einzige Nachteil: Die Blüte setzt erst ungefähr zwei Wochen später ein.

Nigella, zu Deutsch Jungfer im Grünen, blüht nur ein paar Wochen, anschließend bildet sie tolle Fruchtstände. Da man die Sommerblume direkt säen kann, sollte man zur Verlängerung der Blütezeit die Samen im Abstand von 14 Tagen zweimal nachsäen. So scheint die Blütezeit drei Mal so lang wie gewöhnlich. Das gilt auch für den einjährigen Rittersporn.

Fuchsien, die im Frühsommer kräftig geblüht haben, lassen mitunter im Sommer nach mit der Aktivität. Schaut man sich die Büsche einmal genauer an, dann entdeckt man eine Vielzahl von Früchten, manchmal erst so groß wie ein Stecknadelkopf. Sie müssen alle ausgeknipst werden, dann gibt es auch bald wieder ganz viele Knospen und die Blüte wird fortgesetzt. Auch bei Margeritenbüschen schneidet man die Blüten. Setzen Sie den Schnitt am besten kurz über der letzten Verzweigung des Blütenstiels an. Dort sieht man bereits einen winzigen braunen Punkt. Dieser treibt nach dem Schnitt rasch und bildet eine neue Blüte. Präzises Arbeiten ist von Vorteil. Hilfreich dabei ist eine spitze und zugleich lange Bonsai- oder Blumenschere. Nach dem Ausputzen sollte man das Düngen nicht vergessen.

TIPP

Im ersten Jahr auf Hagebutten verzichten

Bei frisch gepflanzten Rosen sollte man im ersten Jahr auf den Fruchtschmuck im Herbst verzichten. Er kostet die Pflanzen viel Kraft, die sie nötiger brauchen für die Wurzelbildung und den Aufbau eines kräftigen Astgerüstes.

1. Margeritenblüten werden abgeschnitten, wenn sie welk sind – und zwar samt Blütenstiel.

2. Sommerblumen kann man getrost für die Vase schneiden. Zinnien, Dahlien, Ringelblumen und Kosmeen kommen so richtig in Fahrt.

3. Lobelien schneidet man im Hochsommer, wenn die Blüte nachlässt, kräftig zurück. Sie treiben dann mit frischen Knospen wieder nach.

Was Sie sonst noch wissen sollten

Gärtnertricks

muss man kennen, damit es im Garten zügig geht. Auf dieser Seite daher jede Menge Infos und Kniffe, wie diese hier: Setzen Sie Pflanzen, die sich selbst vermehren. Islandmohn, Akelei, Fingerhut und Spornblumen helfen talentiert beim Schließen von Lücken in den Blumenbeeten. Man muss nur die Fruchtstände – zumindest einen Teil davon – stehen lassen, damit die Samen reifen können. Manchmal gibt es sogar noch im gleichen Jahr die ersten zarten Blühversuche, wie beispielsweise bei Gauklerblumen. Allerdings sollte man mit dem Trick vorsichtig umgehen. Bei Herbstastern zum Beispiel enttäuschen die Sämlinge. Hat man eine besondere Sorte für das Farbkonzept des Beetes gewählt, können die Sämlinge alles zunichte machen, weil die Blütenfarben unharmonisch abweichen. Deshalb nach der Blüte die Horste zurückschneiden.

Müden Boden

kann man leider nicht mit dem Auge erkennen. Man hört auch kein Gähnen oder Schnarchen. Erst wenn die

1. **Islandmohn** sät sich schnell und ohne Zutun selbst aus.
2. **Schleierkraut** entwickelt dichte Blütenwolken, die sich in die Lücken legen.
3. **Herbstastern** werden nach der Blüte zurückgeschnitten, sonst gibt´s Farbenmix.

neuen Pflanzen nicht recht in die Gänge kommen, merkt man, dass Gefahr im Verzug ist. Daher muss man das Problem ernst nehmen. Bei der Königin der Blumen tritt es verstärkt auf. Deshalb gilt: Dort, wo Rosen oder Rosengewächse (z. B. Apfelbäume) gestanden haben, dürfen in den nächsten vier bis fünf Jahren keine Rosen gepflanzt werden. Wenn es keine andere Lösung gibt, dann muss man das Erdreich tiefgründig austauschen.

1. Wie eine Tonsur sehen alte Staudenhorste aus. Vorbeugend hilft da nur Kompost.

2. – 3. Taglilien teilen Mit Spaten oder Messer werden dichte Horste geteilt. Ein kräftiges Stück wird wieder gepflanzt. Mit dem Rest machen Sie sich Freunde.

TIPP

Schneckenplage eindämmen

Mit trockener Nadelstreu oder scharfkantigem Splitt schützt man den zarten Neuaustrieb von jungen Stauden. Das scharfkantige Material wird lückenlos um die Pflanze gestreut, bevor diese aus dem Boden spitzt, am besten im Spätwinter, sonst sind die Feinde schneller.

Mit dem Alter

geht es den Gartenblumen nicht anders als den Menschen. Manche wie beispielsweise die Strauch-Pfingstrosen kommen erst richtig in Fahrt. Andere kriegen so ihre Probleme. Die Horste werden licht, die Blüten weniger. Dem sollte man rechtzeitig vorbeugen, und zwar artgerecht. Kissenprimeln beispielsweise bilden kleine, dichte Tuffs, und die werden immer dichter. Leider lässt dann aber die Blüte nach. Die einzelnen Rosetten sitzen so dicht, dass sie sich bedrängen. Also nach der Blüte ausgraben und einfach in mehrere Teilstücke brechen. Ebenso geht es mit Narzissen. Bei Taglilien und Funkien wartet man mit der Teilung bis zum Frühling. Allerdings muss man sich im Sommer die Pflanzen markieren, sonst erkennt man sie nicht. Halbsträucher wie Lavendel bewahren die Form, wenn man sie nach der Blüte kräftig schneidet.

Horste von Mädchenauge, Sonnenbraut und Astern werden in der Mitte mit den Jahren schütter. Die Versorgung ist dort nicht mehr optimal. Vorsorglich wird direkt auf die abgeschnittenen Horste im Herbst oder Frühling eine Extraportion Komposterde gegeben. Der Nährstoffkick stärkt das Herz der Pflanze ordentlich. Meist kann man die Teilung somit um zwei, drei Jahre verzögern.

Winterschutz

Camouflage gegen Frost und kalte Nässe

Schnee ist der perfekte Schutz für die krautigen Pflanzen, doch leider kann man in unseren Breiten nicht sicher sein, dass Frost und Schnee zusammentreffen. Also muss man Vorsichtsmaßnahmen treffen. Gräser und viele Staudenhorste schützen sich selbst, wenn man die trockenen Triebe stehen lässt. Für alle anderen Pflanzen bilden Komposterde und Laub eine perfekte Winterdecke, mit der man auch die Basis von Strauch-, Beet- und Bodendeckerrosen schützen kann. Der Mix verhindert, dass sich bei anhaltend kalter Nässe Fäulnis im Herz der Pflanzen breit macht. Zugleich wird der Boden mit Humus verwöhnt. Kletterrosen und Rosenhochstämmchen müssen vor allem im Spätwinter schattiert werden. Anderenfalls treiben die Augen an warmen Tagen bereits aus und erfrieren in den kalten Nächten.

Empfindliche Gehölze wie Kamelien überstehen den Winter nur schadlos, wenn sie abgedeckt werden. Dabei besteht das Problem weniger in den niedrigen Temperaturen, als in der Luftfeuchtigkeit. Deshalb baut man aus Sackleinen ein Zelt um die Sträucher. Ebenso gut kann man die Kronen mit Vlies einwickeln oder eine Strohmatte aufstellen. So wird die Verdunstung reduziert und die Aktivität der immergrünen Blätter am Tag eingedämmt. Auch Bambus kann man so schützen. Immergrüne wie Rhododendron und Buchsbaum können bei anhaltendem Bodenfrost unter Trockenheit leiden. Deshalb sollte man gegebenenfalls nach einer Frostperiode den Boden gründlich wässern.

1. **Herbstlaub** ist ein ideales Mittel, um Staudenbeete und Gehölzränder fit für den Winter zu machen.
2. **Mit Sackleinen** kann man empfindliche Pflanzen schützen. Das Zelt bekommt Halt durch drei Stäbe, die neben die Pflanze gesteckt und oben zusammengebunden werden.
3. **Zwiebelblumen** im Topf werden mit trockenem Laub bedeckt.

Der Topfgarten im Winter

Exotische Kübelpflanzen stammen aus den warmen Subtropen und Tropen. Das heißt, sie sind mit Minusgraden nicht vertraut. Damit sie nicht schlappmachen, kommen sie ins Warme. Winterharte Gehölze und Blumen im Topf brauchen etwas Aufmerksamkeit, damit sie die kalte Jahreszeit gut überstehen.

1

2

Erste Fröste beenden die Saison auf der Terrasse. Jetzt müssen empfindliche Exoten, z.B. Engelstrompete und Hibiskus, ins Haus geholt werden. Die hartlaubigen Kübelpflanzen, etwa Lorbeer und Olive, können noch ein paar Wochen draußen bleiben. Wenn die Temperaturen anhaltend, also auch tagsüber, unter den Gefrierpunkt sinken, müssen sie ebenfalls ins Winterquartier. Dabei gilt: Wenn die Pflanzen dunkel oder nur mäßig hell stehen, darf der Raum nicht beheizt (ca. 5–8 °C) sein. Diese Überwinterung ist aber nur für Laub abwerfende, robuste Kübelpflanzen geeignet. Ist es hell und sonnig, dürfen die Temperaturen auch höher sein.

Winterharte Gehölze im Kübel brauchen einen gewissen Schutz, weil die Wurzelballen durchfrieren. Bei Immergrünen spielt die Verdunstung eine Rolle. Bei sonnigen Wintertagen geben die Blätter Wasser ab, können aber nichts aus dem gefrorenen Boden aufnehmen. Also die Krone verhüllen, um den Stoffwechsel zu reduzieren.

1. **Mit der Sackkarre** werden die schweren Kübel ins Haus geräumt. Die Laub abwerfenden Arten geben sich mit einem dunklen, unbedingt kühlen Standort zufrieden.

2. **Christo lässt grüssen** Mit Kokosmatten werden Wurzelballen von Gehölzen und Stauden vor starkem Durchfrieren geschützt. Ein Vlies um die Krone dient als Verdunstungsschutz.

TIPP

Stellen Sie die Töpfe dicht nebeneinander

Auf einer halbschattigen Terrasse reicht es meist, die winterharten Gehölze an der Hauswand zusammenzurücken. So schützen Sie sich gegenseitig, und man ist mit dem Winterschutz schnell fertig.

Bezugsquellen und Adressen

Garten-Versandhandel

Gärtner Pötschke
Beuthener Straße 4
D 41561 Kaarst
Tel. 0 21 31 / 793-333
Fax 0 21 31 / 793-444
www.gaertner-poetschke.de

Ahrens + Sieberz
53718 Siegburg-Seligenthal
Tel. 0 22 42 / 88 91 11
Fax 0 22 42 / 88 91 88
www.ahrens-sieberz.de

Dehner
86640 Rain am Lech
Tel. 0 90 02 / 77-0
Fax 0 90 02 / 77-395
Katalog-Bestellung über
Tel. 0 90 02 / 77-282
www.dehner.de

Pflanzen

Stauden

Staudengärtner
Richard Klose
Rosenstraße 10
34253 Lohfelden
Tel. 05 61 / 5 15 55
Fax 05 61 / 51 51 20
www.staudengaertner-klose.de

Arends Maubach
Stauden & Gartenkultur
Monschaustrasse 76
42369 Wuppertal-Ronsdorf
Tel. 02 02 / 46 46 10
Fax 02 02 / 46 49 57
www.arends-maubach.de

Staudengärtnerei
Gräfin von Zeppelin
79295 Sulzburg-Laufen
Tel. 0 76 34 / 6 97 16
Fax 0 76 34 / 65 99
www.graefin-v-zeppelin.com

Staudengärtnerei
Dieter Gaissmayer
Jungviehweide 3
89257 Illertissen
Tel. 0 73 03 / 72 58
Fax 0 73 03 / 4 21 81
www.staudengaissmayer.de

Österreich

Stauden Feldweber
A-4974 Ort im Innkreis
Tel. + 43 / 77 51 / 83 20
Fax + 43 / 77 51 / 83 20 16
www.feldweber.com

Schweiz

Staudengärtnerei
Hansuli Friedrich
CH-8476 Stammheim
Tel. + 41 / 52 / 7 44 00 44
Fax + 41 / 52 / 7 44 00 45
www.friedrich.ch

Blumenzwiebeln

Albrecht Hoch
Postdamer Str. 40
14163 Berlin
Tel. 0 30 / 8 02 62 51
www.albrechthoch.de

Niederlande

Van Tubergen
Postfach 144
NL – 8250 Dronten-Niederlande
Tel. +31 / 321 / 38 51 41
Fax +31 / 321 / 38 51 55
www.vantubergen.nl

Rosen

Rosarot Pflanzenversand
Besenbek 4b
25335 Raa-Besenbek
Tel. 0 41 21 / 42 38 84
www.rosenversand24.de

W. Kordes´ Söhne
Rosenschulen
Rosenstraße 54
25365 Klein Offenseth-Sparrieshoop
Tel. 0 41 21 / 48 70-0
www.kordes-rosen.com

Noack-Rosen
Baum- und Rosenschulen
Im Fenne 54
33334 Gütersloh
Tel. 0 52 41 / 2 01 87
Fax 0 52 41 / 1 40 85
www.noack-rosen.de

Schultheis
Bad Nauheimer Straße 3-7
61231 Bad Nauheim-Steinfurth
Tel. 0 60 32 / 8 10 13
Fax 0 60 32 / 8 58 90
www.rosenhof-schultheis.de

Österreich

Grumer Rosen
Raasdorfer Straße 28 –30
A-2285 Leopoldsdorf
Tel. + 43 / 22 16 / 2 22 30
Fax + 43 / 22 16 / 2 22 33
www.grumer.at

Schweiz

Richard Huber AG
Rothenbühl 8
CH-5605 Dottikon AG
Tel. + 41 / 56 / 6 24 18 27
Fax + 41 / 56 / 6 24 24 24
www.rosen-huber.ch

Clematis

F. M. Westphal
Clematiskulturen
Peiner Hof 7
25497 Prisdorf
Tel. 0 41 01 / 7 41 04
Fax 0 41 01 / 78 11 13
www.clematis-westphal.de

Gehölze

Lorenz von Ehren Baumschule
Maldfeldstraße 4
21077 Hamburg
Tel. 040 / 76 10 80
www.lve.de

W. Hachmann Baumschule
Brunnenstr. 68 b
25355 Barmstedt in Holstein
Tel. 0 41 23 / 20 55
Fax 0 41 23 / 66 26
www.hachmann.de

Baumschule Huben
Schliesheimer Fußweg 7
68526 Ladenburg
Tel. 0 62 03 / 92 80 0
www.huben.de

Ammann Gartenkultur GmbH
Radolfzeller Str. 42
78256 Steisslingen
Tel. 0 77 38 / 92 65-0
Fax 0 77 38 / 92 65-25
www.baumschule-ammann.de

Samen

Treppens
Berliner Str.88
14169 Berlin
Tel. 030 / 8 11 33 36
Fax 030 / 8 11 43 04
www.treppens.de

Thompson & Morgan
Postfach 10 69
22784 Hamburg
Tel. 040 / 61 19 39 93
www.thompson-morgan.com

Blumen Jansen
Postfach 30 01 15
46399 Bocholt
Tel. +31 / 315 / 65 12 35
Fax +31 / 315 / 65 47 06

Chrestensen, Erfurter Samen- und Pflanzenzucht GmbH
Postfach 1000
99079 Erfurt
Tel. 0361 / 5 10 15
Fax 0361 / 2 24 53 33
www.chrestensen.de

Kübelpflanzen

Flora Mediterranea
Königsgütler 5
84072 Au/Hallertau
Tel. 0 87 52 / 12 38
Fax 0 87 52 / 99 30
www.floramediterranea.de

flora toskana
Schillerstr. 25
89278 Nersingen
OT Straß
Tel. 0 73 08 / 9 28 33 87
Fax. 0 73 08 / 9 28 33 89
www.flora-toskana.de

Rasen

Rasenmischungen

Wolf-Garten
Industriestraße 83–85
57518 Betzdorf
Tel. 0 27 41 / 2 81-0
Fax 0 27 41 / 2 81-255
www.wolf-garten.com

Rollrasen

Norddeutsche
Rasenschule
Lohe 61
22397 Hamburg
Tel. 0 40 / 6 07 15 51
Fax 0 40 / 6 07 21 98
www.norddeutsche-rasenschule.de

Schmitz & Bollig-Commer GbR
Ophof
53332 Bornheim
Tel. 0 22 27 / 62 49
Fax 0 22 27 / 90 52 09
www.rasenrolle.de

J. u. M. Stegmair
Klenauer Str. 1
86561 Aresing-Oberwellenbach
Tel. 0 84 45 / 2 61
Fax 0 84 45 / 14 63
www.rollrasen.com

Blumenwiese

Conrad Appel GmbH
Bismarckstr. 59
64293 Darmstadt
Tel. 0 61 51 / 92 92-0
www.conrad-appel.de

Syringa Samen
Bernd Dittrich
Bachstraße 7
78247 Hilzingen-Binningen
Tel. 0 77 39 / 14 52
Fax 0 77 39 / 6 77
www.syringa-samen.de

Rankgerüste, Spaliere, Zäune, Sichtschutzwände

Classic Garden Elements
Goethestr. 27
65719 Hofheim / Ts.
Tel. 0 61 92 / 90 04 75
Fax 0 61 92 / 90 27 93
www.classic-garden-elements.de

Osmo
Ostermann & Scheiwe
Hafenweg 31
48155 Münster
Tel. 02 51 / 69 22 97
www.osmo.de
(Händlernachweis)

Holzum GmbH
Empeler Straße 91
46459 Rees
Tel. 0 28 51 / 92 36-0
Fax 0 28 51 / 92 36-30
www.holzum.de

Country Garden
Versand GmbH
Nagolderstr. 23
72119 Ammerbuch
Tel. 0 70 73 / 23 72
(Figuren, Möbel, Rankbögen)
www.country-garden.de

Sichtschutzmatten

Videx Meyer-Lüters GmbH
Raiffeisenstr. 38-40
27239 Twistringen
Tel. 0 42 43 / 92 80 10
Fax 0 42 43 / 92 80 40
www.videx.de

Spaltholzzaun

re-Natur
Charles-Ross-Weg 24
24601 Ruhwinkel
Tel. 0 43 23 / 9 01 00
Fax 0 43 23 / 90 10 33
www.re-natur.de

Hesperiden
In der Schmalau 4
90427 Nürnberg
Tel. 09 11 / 30 58 88
(Figuren, Möbel)
www.hesperiden.de

Teich

Oase Pumpen
Tecklenburger Strafle 161
D 48477 Hörstel
Tel. 05454 / 800
Fax 05454 / 80235
www.oase-pumpen.com

Tetrawerke
Herrenteich 70
D 49324 Melle
Tel. 05422 / 1051
Fax 05422 / 105-266
www.tetrafisch.com

Holzum GmbH
(Adresse siehe oben)

Seerosen-Farm Oldenhoff
Siglmühle 2
94051 Hauzenberg
Tel. 08586 / 1693
Fax 08586 / 91534
www.seerosen-farm.de

Teichsicherung für Kinder

Seilerwaren Gampper
Obere Straße 19
71134 Aidlingen
Tel. 0 70 34 / 53 59

Möbel

Garpa
Garten & Park
Einrichtungen GmbH
Kiehnwiese 1
21039 Escheburg
bei Hamburg
Tel. 041 52 / 92 52 00
Fax 0 41 52 / 92 52 50
www.garpa.de

Unopiú
Am Dornbusch 24–26
64390 Erzhausen
Tel. 0 61 50 / 97 53-0
Fax 0 61 50 / 99 09 83
www.unopiu.de

Country Garden
Versand GmbH
(Adresse siehe oben)

Hesperiden GmbH
(Adresse siehe oben)

La Siesta-Hängematten
Gabriele von Liel
Lauterbachstraße 10
80997 München
Tel. 0 89 / 1 49 43 41
(Hängematten)

Decken und Kissen
EeBeDesign
Träume aus Stoff
Hansering 17
48231 Warendorf
Tel. 0 25 81 / 38 83
www.eebe-design.de

Töpfe und Accessoires

Wood, Steel & More
Postfach 1148
22947 Ammersbek
Tel. 0 40 / 60 56 11 92

Renate Weber
Liszthof
49076 Osnabrück
Tel. 05 41 / 6 51 27
www.renate-weber.de

Country Garden
Versand GmbH
(Adresse siehe oben)

Hesperiden
(Adressen siehe oben)

Blattwerk
Lachen 1
88214 Ravensburg
Tel. 07 51 / 6 77 81
www.blattwerk-versand.de
(Töpfe und mehr)

Gartengeräte

Gartenbedarf Versand
Richard Ward
Günztalstraße 22
87733 Markt Rettenbach
Tel. 0 83 92 / 16 46
www.gartenbedarf-versand.de

Bodenuntersuchung

Ein Verzeichnis der Bodenuntersuchungsstellen erhalten Sie bei:
VDLUFA
Bismarckstraße 41 a
64293 Darmstadt
Tel. 0 61 51 / 95 58 40
Fax 0 61 51 / 29 33 70
www.vdlufa.de

Dünger

Langzeitdünger

Osmocote
Scotts Celaflor
GmbH & Co. KG
Konrad-Adenauer-Str. 30
55218 Ingelheim
Tel. 0 61 32 / 78 03-0
Fax 0 61 32 / 20 67
www.celaflor.de

Bodentest
Neudorff GmbH KG
An der Mühle 3
31860 Emmerthal
Tel. 0 51 55 / 62 41 16
Fax 0 51 55 / 6 24 71 16
www.neudorff.de

Stichwortverzeichnis

Erläuterungen:
* = Abbildung (außer in Tabellen)
^{T} = Tabelle (mit Pflanzenporträt und Abbildung)

Accessoires 64, 98, 100, 101, 102, 111
Acer negundo 21^T
A. platanoides 29
Agastache foeniculum 55, 55^T
A. mexicana 38
Akelei 55, 55^T, 104, 134
Alchemilla mollis 55, 55^T
Algen 85
Alisma plantago-aquatica 85, 85^T
Alpen-Waldrebe 80
Amberbaum 29
Ambiente 92
Ampel 74
Ampelpflanze 87
Anemone 46, 48
Angießen 124*
Anstrich 113
Anthemis tinctoria 55, 55^T
Anzucht 118
Anzuchterde 118
Apfelbaum 25, 30, 89, 89*, 135
Aquilegia vulgaris 55, 55^T
Astern 135
Astilbe × arendsii 81, 81^T
A. chinensis var. *pumila* 63, 63^T
Aubergine 88*
Auge 130, 130*
Auslegen 124*
Aussaat 118, 118*
Azalee 67
Azursalbei 42

Bachbunge 85, 85^T
Balkan-Storchschnabel 62, 63, 63^T
Balkon 13, 13*, 64, 83, 89, 112
Balkonblumen 112
Balkonkästen 73
– bepflanzen 73*
Ballentuch 123*
Ballenware 123
Bambus 21, 21^T, 67, 83*, 104, 136
Bartfaden 42
Bartnelke 59
Basilikum 67, 74, 86, 86*
Bauerngarten 86, 110
Bäume 26
– pflanzen 122
Baumscheibe 62, 128
Bechermalve 42
Beereneis 89
Beerensträucher 87
Beete 26, 128
Beeteinfassung 87
Beetrosen 58, 131, 136
Beinwell 62, 63, 63^T
Belag 30
Bellis 47
Berberis × ottawensis 101
B. thunbergii 21*
Berberitze 21^T, 101
Bergenia-Hybride 81, 81^T
Bergenie 81, 81^T
Betonbecken 83*
Betonstein 30*
Birnbaum 89
Blattfärbung 29
Blattsalat 88
Blattschmuck 41, 60, 81, 104
Blattschmuckpflanzen 81
Blaublatt-Funkie 105
Blaukissen 61
Blauregen 80
Blausternchen 47, 48*, 62, 75*
Bleigefäß 106*
Blickachse 43
Blickfang 12, 29, 98, 106, 111
Blumenampel 79
Blumenbeet 38, 87, 102
Blumensedum 55, 55^T
Blumenstrauß 42, 95, 95*
Blumenwiese 37, 110
Blüten 89, 95
Blütenfülle 95
Blütengehölze 29
Blütenschmuck 81
Blütezeit 79
Blut-Storchschnabel 55, 55^T, 59
Blutweiderich 82
Boden 52
Bodenanalyse 121
Bodenbeläge 31
Bodendecker 60, 61, 62, 63, 81
Bodendeckerrose 58, 58*, 136
Bodenleuchten 96
Bodenmüdigkeit 134
Bodenpflege 120
Boretsch 86, 89*
Böschung 34
botanischer Name 15
Bougainvillee 67
Bronzestatue 103*
Buchsbaum 79, 101, 131*, 136
Buchsbaumhecke 86, 107*
Buchskugel 75, 76*
Bunte Margerite 55, 55^T
Buntnessel 42, 67, 81, 81^T
Buntschopfsalbei 42, 45, 45^T
Buschmalve 55, 55^T
Buxus sempervirens 101

Calamagrostis × acutiflora 101
Canna 38*, 51, 51*
Catalpa bignonioides 29
Centranthus ruber 55, 55^T
Chamaecyparis lawsoniana 21^T
Chamaerops humilis 105
Chinaschilf 69, 110
Chrysantheme 67, 76, 133
Citrus limon 105
Clematis 59, 59*, 80*, 108
Clematis alpina 80
C. montana 80
C. viticella 24, 24^T, 80
Cleome hassleriana 45, 45^T
Coleus 81
Consolida ajacis 45, 45^T
Containerpflanzen 56, 123
Containerrosen 125*
Coreopsis verticillata 55, 55^T
Cosmos bipinnatus 45, 45^T
Crataegus laevigata 29
Currykraut 41

Dachbegrünung 108
Dahlie 38*, 50, 50*, 51, 51*, 53, 95, 125*, 133*
Dahlienknollen 51*
Dahlienpflanzen 125
Dauerblüher 81
Decken 95, 97
Dekorrinde 128*
Direktsaat 44*, 118
Dosierung 127
Drainage 36
Duft 42
Dufthyazinthe 48*
Duftnessel 38, 55, 55^T
Duft-Pelargonie 67, 75
Duftsteinrich 41*, 42
Duftwicke 18*, 119
Dünger 35*, 44, 61, 73, 121, 127
– einarbeiten 127*

Edelraute 60, 81
Efeu 22*, 24f., 62, 62*, 67, 75f., 79, 101
Ehrenpreis 60
Einfassung 26, 88
Einfassungselemente 28*
einjährige Gartenblumen 40f., 59
einjähriger Sommerphlox 54
einjähriger Rittersporn 42, 44f., 45^T
Einpflanzen 124*
Einzelsitzplatz 105
Eisen 20
Eisenkörbe 97
Eisenkraut 42
Eisensäule 106
Eisheilige 44, 50, 73, 119
Elfenblume 62
Elfenkrokus 48
Engelstrompete 70, 137
Erbse 86
Erdbeere 87
Erde 116*
Eschen-Ahorn 11, 21, 21^T
Eschscholzia californica 54
Estragon 86
Etagere 105, 106*
Etikett 49, 119*
Euonymus fortunei 81, 81^T
Eupatorium purpureum 101
Exoten 71, 137

Fächerblume 73*, 112
Fächerpalme 105
Farben 40, 53, 67, 98, 100, 105, 113, 113*
Farbenlehre 52
Färberkamille 55, 55^T
Farbkombination 42
Farbkonzept 41
Fargesia nitida 21^T
Fässer 83
Fäulnis 136
Federborstengras 42
Feigenbaum 67
Feinstrahl 132*
Feldahorn 21
Feldblumenmischung 37, 37*
Fertigteiche 84, 84*
Feuer 97
Feuerbohne 24, 24^T, 112
Feuersalbei 42
Feuerschale 97
Fiederpolster 61
Figuren 102
Filzmatte 73, 73*
Fingerhut 59, 59*, 100*, 134
Fingerkraut 60
Fische 82
Flechtzäune 22, 25
Fleißiges Lieschen 42, 43, 43*, 67, 78*
Flieder 130
Foeniculum vulgare 101
Formen 53
Formensprache 102
Formschnitt 79
Formschnittgehölze 20, 67, 76*, 79
Formschnitthecke 110
Forsythie 130
Frauenmantel 38*, 52, 55, 55^T, 63, 82
Fraxinus excelsior 29
Froschlöffel 85, 85^T
Fruchtstände 44
Frühling 67, 111
Frühlingsblüher 46
Frühlingskrokus 48*
Fuchsie 43, 70, 70*, 79, 133
Fuchsschwanz 43
Funkie 62, 67, 81, 81^T, 82, 104*, 135

Gänseblümchen 111*
Gänsekresse 61
Gartenbank 94*
Gartenblumen 129
Gartenboden 116
Gartenchrysantheme 79
Garten-Fuchsschwanz 42
Gartengrenze 18
Gartenkunst 102
Gartenliege 92*
Gartenmelde 42
Gartenmöbel 92
Garten-Prachtspiere 81, 81^T
Garten-Resede 42
Garten-Strohblume 42
Gartenteich 82, 110
Gartenweg 30, 30*
Gauklerblume 85, 85^T
Gedenkemein 62*
Gefälle 31
Gefleckte Taubnessel 63, 63^T
Gehölze 117, 123, 136, 137*
Gehölze im Kübel 137
Gehölzinseln 21
Gehölzkulisse 107
Gehölzränder 62
Geißblatt 80
Gemüse 86
Gemüsebeete 86
Gemüsegarten 11*, 26*, 86, 87*
Geranien 72, 75*, 106*
Geranien-Hochstämmchen 70
Geranium macrorrhizum 63, 63^T

G. sanguineum 55, 55ᵀ
G. sylvaticum 63, 63ᵀ
Gestalten mit Stauden 52
Gestaltung 76, 102
Gewürzrinde 67
Giersch 120
Gießen 126
Gießkanne 102*, 126*
Gitterkörbe 83
Gladiole 50, 129
Gleditsia triacanthos 29
Glockenblume 30, 36, 42, 60f., 60*, 81
Glockenrebe 43
Glockenwein 67, 68
Goldhopfen 25*
Gold-Hülse 29
Goldlack 42
Goldmohn 54
Goldrute 55, 55ᵀ
Granatapfel 67, 70*
Gräser 42, 42*, 81, 85, 96, 146
Gräserhorste 60
Greiskraut 54
Größe 116
Größenverhältnisse 29
Grundfarben 100
Grundstrukturen 26, 102
Gründüngung 121
Gusseisen 104*

Häcksel 128, 128*
Hagebutten 132*, 133
Hainbuche 69, 117
Hängegeranie 112
Hängematte 92, 93*
Hanging Basket 74*, 86
Hasenglöckchen 47
Hasenschwanzgras 42
Haupt-Blickachsen 28
Hausbaum 29, 87, 89
Hauseingang 79
Hechtkraut 85, 85ᵀ
Hecke 18, 20, 25, 26, 78, 102, 106
–, geschnittene 20, 101, 122
–, Laub abwerfende 20
–, pflanzen 122*
Heckenelemente 69
Heckengehölze 20
Heckenschere 131
Heckenschnitt 131*
Hedera helix 101
Heidekraut 22
Helianthus annuus 45, 45ᵀ
Hell-Dunkel-Kontraste 101
Herbst 111
Herbstanemone 124
Herbstaster 129, 133, 134, 134*
herbstblühende Krokusse 51
Herbstlaub 136*
Heuchera micrantha 81, 81ᵀ
Hibiskus 137
Hintergrund 101, 107
Hippuris vulgaris 85, 85ᵀ
Hirse 42
Hochstämmchen 70, 79, 89
Hochstammrosen 56
Höhenunterschied 76
Holz 20
Holzdeck 113
Holzfass 83
Holzspaliere 113
Holzterrasse 113*
Holztreillagen 68
Holzwolle 128*
Hopfen 24, 24ᵀ
–, Japanischer 64, 101
Hornkraut 60
Hornspäne 121, 121*, 128
Hornveilchen 43, 47, 54, 67, 75, 75*, 106*, 107*, 111*
Hortensie 66*, 67, 79
Hosta sieboldiana 81, 81*, 105
Humulus lupulus 24ᵀ
H. scandens 101
Hyazinthe 46, 47, 48

Iberis umbellata 54
Immergrün 20, 62, 63, 63ᵀ, 81, 131, 137
Indianernessel 53*
Indisches Blumenrohr 50, 67
Individualität 102
Instantlösungen 10, 11, 12
Ipomoea lobata 24, 24ᵀ
I. tricolor 24, 24ᵀ, 105
Iran-Lauch 51
Islandmohn 134, 134*
Italienische Waldrebe 24, 24ᵀ, 80

Jahreszeiten 67
Jakobsleiter 85
Japanischer Hopfen 64, 101
Jardiniere 105
Johannisbeerstrauch 89*
Jugendstil 104
Jungfer im Grünen 40, 41*, 42, 45, 45ᵀ, 133

Kaiserkrone 46, 48
Kalifornischer Mohn 54
Kamelie 136
Kantensteine 36
Kapmargerite 72
Kapuzinerkresse 24, 24ᵀ, 41*, 42, 67, 74, 89*, 107*
Kaskadenrose 56*
Kastanie 29
Katzenminze 52, 55, 55ᵀ, 59, 133
Kaukasus-Vergissmeinnicht 104
Keimfähigkeit 119
Kerzen 96, 97
Kies 30, 30*, 36, 36*
Kiesflächen 30
Kindersicherung 82
Kirschbaum 89
Kirschlorbeer 21ᵀ, 69, 117
Kissen 94, 95
Kissenprimel 135
klassischer Stil 67, 105
Klatschmohn 37, 37*
Klee 37
Kletterpflanzen 18, 24, 43, 68, 80, 112, 129
Kletterrosen 56*, 58, 58*, 59*, 80, 108, 129, 131, 136
Klinker 30*, 31
Knollen 49, 50, 51, 125*
Knollenpflanzen 38
Knospe 130*
Knöterich siehe Schlingknöterich
Kokosmatten 137
Komplementärkontraste 100
Kompost 110, 121*
Komposterde 61, 116, 128*, 135, 136
Königskerzen 30
Kontraste 41, 100
Kornblume 37, 37*, 42, 44
Kosmee 38*, 42, 45, 45ᵀ, 53, 53*, 59, 133
Kräuter 74, 86, 88
Krokus 46, 47, 75*
Krone 130
Kübelpflanzen 70, 71, 79, 83, 137
Kugel-Ahorn 29
Kugel-Akazie 29
Kugelbäumchen 70
Kugelblümchen 60
Kugel-Esche 29
Kugel-Trompetenbaum 29
Kulisse 101, 107
Kürbis 79, 98*

Lakritzkraut 72
Lamium maculatum 63, 63ᵀ
Lampenputzergras 81, 81ᵀ
Lampionblumen 98*
Landhausstil 104*
ländlicher Stil 67, 105
Langzeitdünger 73, 127, 127*
Laternen 96, 96*
Laub 136
Laurus nobilis 101
Lavatera olbia 55, 55ᵀ
Lavendel 25, 53*, 67, 78, 104, 135
Lavendelduft 72
Lebensbaum 21*
Leberbalsam 41, 42
Lerchensporn 107*
Levkojen 41, 41*, 42
Leylandzypresse 69
Licht 96, 96*
Lichterkette 97
Lichtkeimer 119
Lichtsituation 52
Lieblingsfarben 67, 99
Liege 92
Liguster 21ᵀ, 67, 79, 117
Ligustrum vulgare 21ᵀ
Lilie 50, 51, 51*
Lilienblütige Tulpe 105
Lilium candidum 105
Linde 29
Liquidambar styraciflua 29
Lobelia × speciosa 45, 45ᵀ
Lobelie 118, 133*
Loom 94
Lorbeer 101, 137
Löwenmäulchen 59
Luftfeuchtigkeit 136

Mädchenauge 55, 55ᵀ, 135
Madonnen-Lilie 105
Mähen 32, 35, 35*
Mähgut 128
Mähnengerste 42
Malus-Sorten 29
Malven 53
Mandel-Hochstamm 131*
Mangold 86, 88*
Männertreu 42, 43, 70
Margerite 79, 133*
–, Bunte 55, 55ᵀ
Margeritenbäumchen 70*
Margeriten-Hochstämmchen 76
Marienglockenblume 59, 59*, 67
Markise 112
Märzenbecher 62
Maschendraht 18
Maßliebchen 47
mediterraner Stil 67, 105
Mehlsalbei 42, 53, 72
mehrjährige Gartenblumen 38, 52
Metallzaun 25
Mexikanische Sonnenblume 42, 45, 45ᵀ
Mimulus × hybridus 85, 85ᵀ
Mineraldünger 121, 127
Miniatur-Seerosen 83
Miniteich 83, 83*
Minze 86*
Möbel 64, 92, 105, 106
mobile Hecke 69*
Modetrends 102
Möhren 86
Moluccella laevis 54
Montbretien 50
Mulch 35, 125, 128, 128*
Mulchen 128*
Muschelblume 54
Muskatellersalbei 59, 59*
Mutterkraut 42

Nachblüte 132
Nährstoffgehalt 121
Narzisse 46, 46*, 47, 48, 75, 81, 111*, 135
Narzissenwiese 47
Naschobst 89
Natursteinplatten 31
Nelken 61
Nepeta × faassenii 55, 55ᵀ
Neuaustrieb 130
Neuseeländer Flachs 67
Nicotiana × sanderae 45, 45ᵀ
Nigella 133
Nigella damascena 45ᵀ
nordischer Stil 67
Nutzgarten 86, 88
Nymphaea-Hybriden 85, 85ᵀ

Obelisk 107, 107*
Obst 86
Obstgehölz 30
Oleander 67, 70
Olive 137
Olivenbaum 67
Öllampe 96*
Orangen-Schmuckkörbchen 42
organische Dünger 127
Ornamente 104

Pachysandra terminalis 63, 63ᵀ
Palmkohl 105
Paprika 72, 88*
Patchworkdecke 95*
Pennisetum alopecuroides 81, 81ᵀ
Petunie 42, 111*
Pfeifenstrauch 21
Pfingstrose 53
Pflanzabstände 54, 125
Pflanzbeispiele 40
Pflanzen 44, 49, 57, 64, 85
Pflanzeneinkauf 116
Pflanzenmöbel 105
Pflanzennamen 14
Pflanzloch 49*, 57, 122
Pflanzplan 54
Pflanzschnitt 123*
Pflanztiefe 49
Pflanzung 50
Pflanzzeit 124
Pflaster 31

Pflastersteinen 31
Pflaumenbaum 30
Pflege 63
Pfostenschuh 23
Phacelia 37
Phaseolus coccineus 24, 24[T]
Phlox drummondii 54
Phosphor 127
Pikieren 119, 119*
Pikierholz 119*
Pinsel 113*
Pistia stratiotes 85, 85[T]
Plan 28
Planung 76
Plastikbecken 84
Platten 31
Polster 61
Polsterglockenblume 81
Polsterthymian 61*
Polygonum amphibium 85, 85[T]
Polystichum setiferum 81, 81[T]
Potpourri 95
Prachtwinde 68*
Primeln 48, 49*, 85

Prunkwinde 24, 24[T], 43, 69
Prunus laurocerasus 21[T]
Purpurglöckchen 81, 81[T]
Pyrus salicifolia 29

Qualität 116, 117
Qualität 56
Quamoclit lobata 24, 24*
Quecken 120

Radieschen 88*
Randbereiche 28
Rankbögen 108
rankende Arten 24
Rankgerüst 67*, 80, 112
Rankgitter 68, 68*
Rankspalier 22
Rasen 31, 32, 32*, 35*, 108
Rasendünger 35
Rasenkanten 121, 121*
Rasenkantenschneider 131
Rasenmatte 34, 34*
Rasenränder 121
Rasenschnitt 128*
Rattan 94
Reihenausgarten 110
Reiherschnabel 106*
Reitgras 101
Renaissance 104
Renovierung 108, 110
Rhododendron 21, 136
Ricinus communis 45, 45[T]
Riesen-Lauch 51
Riesen-Zittergras 42
Rinde 30, 128
Rindenmulch 30*, 128*
Ringelblume 37*, 40, 41, 41*, 42, 42, 44, 53, 53*, 59, 67, 89*, 107*, 133
Rittersporn 100*, 129, 132*
–, einjähriger 133
Rizinus 10*, 43, 43*
Robinia pseudoacacia 29
Rollrasen 10, 32, 34, 34*
Römische Kamille 61
Rose 56, 67, 70, 72, 79, 80, 104, 124f., 130*, 131, 132*, 135
– 'Ballerina' 58*
– 'Charles de Mills' 57*
– 'Friesia' 58*
– 'Mariandel' 57*
– 'New Dawn' 56*
– 'Schneewittchen' 57*
– 'Sympathie' 58*
–, mehrmals blühende 132
Rosenbogen 110, 129*
Rosengewächse 135
Rosenhochstämmchen 78*, 136
Rosenklassen 58
Rosensäule 80*
Rosmarin 67, 74, 86, 86*
Rot-Dorn 29
Rudbeckia hirta 45, 45[T]

Saatgut 32
Sackleinen 136*
Sägemehl 128*
Salat 86, 88*
Salbei 67, 74, 86
Salvia verticillata 55, 55[T]
S. viridis 45, 45[T]
Samen 40, 42, 44
Sand 49, 121
Sandsteinsäule 107*, 110
Säule 106, 107
Scharlach-Lobelie 10*, 42, 45, 45[T], 50*
Schatten 43, 62, 105
Schattenrasen 32
Schattenspender 87
schattige Plätze 70
Schaumblüte 62, 63, 63[T]
Scheinzypresse 21[T]
Schichtenaufbau 36
Schildfarn 81, 81[T]
Schilfrohr 22
Schleiergras 42
Schleierkraut 134*
Schleifenblume 54
Schlinger 24
Schlingknöterich 10, 10*, 62, 110
Schmetterlingsflieder 131
Schmuckkörbchen 39*, 45, 45[T]
Schmucklilie 67
Schmuckstücke 107
Schnecken 135
Schneeball 21
Schneeflockenblume 42, 43, 70
Schneeglöckchen 46, 47, 47*, 48, 62
Schneiden 63, 130
Schnittgut 35
Schnitthecke 20, 122
Schnitthöhe 35
Schnittlauch 88*, 89*
Schönranke 64, 68
Schwarzäugige Susanne 24, 24[T], 68*
Schwarznessel 41
Schwertlilie 53
Schwimmpflanzen 83, 85
Scilla 48*
Sedum, Blumen- 55, 55[T]
Sedum telephium 55, 55[T]
Seerose 83, 83*, 85, 85[T]
Seidenmohn 42
Senecio bicolor 54
Sichtachse 107
Sichtschutz 18, 21, 68, 110, 112
Sichtschutzelemente 22
Sichtschutzlösungen 69
Sichtschutzmaßnahmen 64
Sichtschutzmatten 101
Sichtschutzwand 22, 23, 23*, 87, 102, 110
Sitzauflagen 94
Sitzplatz 65*, 66, 89, 92, 108
Sockel 102
Solenostemon scutellarioides 81, 81[T]
Solidago-Hybride 55, 55[T]
Sommeraster 42
Sommerblumen 38, 40, 42, 43, 44, 45, 45[T], 52, 67, 110, 129, 133*
Sommerflieder 130*
Sommerphlox 42
Sommersalbei 133
Sonne 60
Sonnenbraut 53*, 133, 135
Sonnenhut 39*, 40*, 42, 45*, 53, 53*
Sonnenröschen 61
Sonnenschirm 97
Sonnenuhr 107*
Sorten 15
Spalier 22, 22*, 25, 129*
Spalierbäume 25*
Spaltholzzaun 22, 22*, 110
Sphagnum-Moos 74
Spielrasen 32
Spindelstrauch 62, 62*, 81, 81[T]
Spinnenblume 41*, 42, 45, 45[T]
Splitt 30
Spornblume 25, 52, 59, 134
Sportrasen 32
Stachelnüsschen 60, 61*
Standfestigkeit 71
Standort 82
Stauden 52, 59, 81, 117, 124, 124*, 136, 137*
– einpflanzen 124*
–, remontierende 132
Staudenhorste 135
Staudenstützen 129*
Stecklinge 40
Sternwinde 24, 24*, 43, 68
Stickstoff 127, 128
Stiefmütterchen 47, 67
Stil 66, 102, 105
Stilmittel 102
Stilrichtungen 67
Stockrosen 53, 59, 59*
Stoffe 94, 95
Storchschnabel-Arten 55, 55[T], 59, 62f., 63*
Strahlenanemone 48*
Strahler 96
Sträucher 26, 128
– pflanzen 122, 122*
Strauchhortensie 21
Strauchrosen 25*, 58, 58*, 67, 131, 136
Strauchtomaten 67
Streuwagen 35*
Stroh 128, 128*
Strukturen 26, 108
Stückzahl 54, 62
Studentenblume 40, 40*, 45, 45[T]
Stuhl 92, 92*, 94, 106
Stützen 129
Stützpfahl 123
Styling 104
Substrat 73
südliches Lebensgefühl 66
Sumpfdotterblumen 85
Surfinia-Petunie 67, 72, 73*
Sutera 43
Symphytum grandiflorum 63, 63[T]

Tagetes 39*, 42, 118
Tagetes tenuifolia 45, 45[T]
Taglilien 82, 135
– teilen 135*
Tanacetum coccineum 55, 55[T]
Tannenwedel 85, 85[T]
Tapetenwechsel 8, 13, 75, 79
Taschentopf 86, 86*, 87
Teppich-Glockenblume 60, 60*
Teppich-Prachtspiere 62, 63, 63[T]
Terrasse 13*, 21, 64, 66, 67, 83, 88, 89
Terrassen-Beispiele 66
Thuja 69
Thuja occidentalis 21[T]
Thunbergia alata 24, 24[T]
Thymian 36, 36*, 86
Thymianpolster 30
Tiarella cordifolia 63, 63[T]
Tisch 92*, 106
Tischdekoration 83, 95*
Tithonia rotundifolia 45, 45[T]
Tomate 86, 88
Töpfe 47, 57, 75, 75*, 87, 105, 111, 113
Topfgarten 47, 86, 137
Topfpflanzen 76
Tränendes Herz 100*, 104
Traubenhyazinthe 47, 48, 48*
Trauerweiden 112
Treillage 22
Trichterwinde 64, 105
trockenes Mähgut 128*
Tropaeolum majus 24, 24[T]
Tröpfchenbewässerung 126
Tropfschlauch 126, 126*
Tulipa-Hybride 105
Tulpe 46, 46*, 47, 48, 48*, 49*, 78*, 67, 107*, 111*, 112
–, Lilienblütige 105

Überwintern 83
Uferbepflanzung 85
Umgebung 64
Umtopfen 71*
Unkraut 44, 128, 128*
– entfernen 120*
Unterbau 31, 36

Vanilleblume 42
Vase 95
Verbena rigida 45, 45[T]
Verbene 39*, 43, 44*, 53
–, raue 45, 45[T]
Verdunstungsschutz 137
Veredlungsstelle 125
Vergissmeinnicht 46*, 47, 48, 80*, 85
Verlegearbeiten 31
Verlegung 34
Vermehrung 118*
Veronica beccabunga 85, 85[T]
Vertikutierer 35
Verwildern von Zwiebelblumen 49
Vinca major 63, 63[T]
Viola cornuta 54
Vitis vinifera 105
Vorbereitungen 11, 37
Vorgarten 62, 76, 76*, 77*, 80
vorgetriebene Zwiebelblumen 47
vorgezogene Pflanzen 40

Waldaster 55, 55[T]
Waldrebe 76*, 80
Waldsteinie 62*
Wald-Storchschnabel 63, 63[T]
Wandbrunnen 107*
Wandelröschen 79
Wandregal 105
Wasserdost 101
wassergebundene Wegdecke 30
Wasserknöterich 85, 85[T]
Wassersalat 83, 85, 85[T]
Wasserspeier 107
Wege 26, 108
Weichholzmöbel 113
Weide 22
Weidenblättrige Birne 29
Weidenruten 25, 25*
Weigelie 21
Wein 105
Weinraute 86*
Weinstock 25
Werkzeug 116, 116*, 118*
Wetterfestigkeit 94
Wicke 42
Wieseniris 85
Wilder Wein 24, 106
Winde 120
Windlichter 96, 97
Windschutz 21
Windschutzlösungen 69
Windschutzmaßnahmen 64
Winter 67, 97
Winteraster 124
Winterlinge 46, 48, 62
Winterquartier 137
Winterschutz 124, 136
Witterungsbeständigkeit 23
Wohnlichkeit 75
Wolfsmilch 41
Wollziest 60, 81
Wuchsformen 52, 73
Wuchskraft 60
Wunderbaum 10*, 43, 43*, 45, 45*
Wurzelballen 123
wurzelnackte Pflanzen 123
Wurzelunkräuter 120
Wurzelwachstum 128

Ysander 62, 63, 63[T]

Zaun 18, 78
Zeitlose 51, 51*
Zeitplan 28
Zeitpunkt 130
Zierapfel 29
Zierfenchel 101
Zierkirsche 29, 110
Zierlauch 50, 51, 51*, 100*, 104, 129
Ziersalbei 55, 55[T]
Ziertabak 42, 43, 45, 45[T]
Zinkwanne 83
Zinnia angustifolia 45, 45[T]
Zinnie 41*, 42, 53, 133*
–, Schmalblättrige 42, 45, 45[T], 70
Zitrone 66*
Zitronenbaum 105
Zitronenthymian 74
Zitrusfrüchte 104
Zucchini 88, 88*
Zuckerahorn 104
Zuckermais 72
zweijährige Gartenblumen 59
Zweijahrsblumen 47
Zweizahn 112
Zwiebel 60
Zwiebelblumen 38, 46, 48, 50, 62, 75, 75*, 124, 136*
–, verwilderte 49
Zwiebeliris 46
Zwiebeln 46, 49, 52, 111
Zwiebel- und Knollenpflanzen 38

Bildnachweis:

Bath: 95ul
Borstell: 20l, 20r, 2mr, 2ur, 9, 10ur, 11, 12, 13, 21 1.v.li., 21 2.v.li., 21 3.v.li, 21 7.v.li., 24 1.v.o., 24 5.v.o., 24 3.v.o., 24 6.v.o., 25o, 25m, 26, 27, 29, 30ur, 33, 36, 37or, 37ol, 37ml, 38ol, 38ur, 40, 41o, 41m, 41u, 42, 43l, 43r, 45o 3.v.li., 45o 2.v.li., 45o 4.v.li., 45u 4.v.li., 45u 5.v.li., 45u 6.v.li., 47, 48o, 50, 51ol, 51m, 52, 53o, 53u, 55o 1.v.li., 55o 2.v.li., 55o 3.v.li., 55o 4.v.li., 55o 5.v.li., 55o 6.v.li., 55o 7.v.li., 55u 4.v.li., 55u 5.v.li., 56ol, 56ur, 56or, 57u, 57m, 57o, 58 1.v.o., 58 2.v.o., 58 3.v.o., 59or, 59ml, 59ul, 60, 62ur, 63 4.v.o., 63 6.v.o., 63 8.v.o., 64, 65, 66o, 66m, 66u, 75ur, 75ml, 76ol, 76ur, 76or, 77, 79ul, 79or, 80m, 80ur, 81 8.v.o., 81 4.v.o., 83m, 85 3.v.o., 86l, 86r, 88or, 88ul, 88mol, 88mur, 92ol, 93, 92ur, 94, 95or, 96o, 96m, 96u, 97ul, 98ol, 98ur, 99, 101, 100m, 100o, 100u, 102l, 102r, 103, 105, 104u, 104m, 104o, 106ol, 106m, 106ur, 106or, 106ul, 107l, 107o, 108, 109, 111l, 111o, 111r, 111u, 125m, 129m, 133ur, 134m, 134u, 136m, 136u
Fischer E.: 39, 49or, 133m
Fischer G.: 21 6.v.li.
Flora toskana: 69o
GBA/Noun: 19, 44ol, 45u 2.v.li., 81 1.v.o.
GBA/GPL: 51or, 89o
Hagen: 7, 45o 1.v.li., 48mr, 51ul, 81 7.v.o., 81 5.v.o., 81 6.v.o., 85 7.v.o., 110o
Hesperiden: 22u
Jarosch: 69u
Krieg: 88ol, 88ur, 89l
Krohme: 35u, 126ul, 129ul
Leyhe: 135o
Pforr: 125ul
Redeleit: 20m, 10ol, 21 5.v.li., 31o, 34m, 35o, 45u 1.v.li., 45u 3.v.li., 46ur, 51ur, 59mr, 59ur, 61u, 79m, 82, 84, 87, 89u, 88mor, 107r, 113ul, 113ur, 115, 116or, 122u, 129or, 132or, 130u, 131o
Reinhard: 17, 18, 20, 21 4.v.li., 22m, 24 2.v.o., 24 7.v.o., 30mr, 38or, 46ol, 48ml, 48u, 53m, 55u 1.v.li., 55u 2.v.li., 58 4.v.o., 63 3.v.o., 70u, 85 1.v.o., 85 2.v.o., 85 8.v.o., 89r, 88mul, 107u, 126m, 137u
Ruckszio: 62or
Seidl: 37ul, 45o 7.v.li., 55u 3.v.li., 55u 6.v.li., 55u 7.v.li., 61o, 62ol, 63 1.v.o., 63 2.v.o., 63 7.v.o., 81 2.v.o., 81 3.v.o.
Stangl: 125oEinkl., 130or
Stein: 23ol, 23or, 23ul, 23ur, 31m, 31m, 31m, 31m, 32, 34u, 34o, 38mr, 44ur, 45o 5.v.li.
Stork: 8, 25u, 28ur, 30ol, 30or, 35m, 49m, 71, 72l, 72o, 72r, 72u, 73ml, 73or, 74ol, 74m, 74ur, 75or, 80ol, 112o, 112u, 113or, 113m, 116ul, 117or, 117ul, 118o, 118m/u, 119, 121or, 121ul1, 122, 125or, 126or, 127o, 127ul, 127ur, 128u, 128o, 130m, 131m, 134o, 135u, 136o, 137o
Strauß: 1, 2ml, 2ul, 24 4.v.o., 45o 6.v.li., 45u 7.v.li., 46or, 54, 63 5.v.o., 67, 68, 70o, 70m, 73ur, 83u, 83o, 85 4.v.o., 85 5.v.o., 85 6.v.o., 91, 92or, 95m, 97or, 120, 124, 124, 127m, 132m, 132ul, 132ur, 133or, 131u
Videx: 22o
Wolf: 34ur

Das Bild Seite 66 Mitte wurde mit freundlicher Genehmigung in der Gärtnerei Rhulenhof (Ottersum, Niederlande) aufgenommen.

Bilder vordere Klappeninnenseiten:
Borstell: LiS ml, LiS o, LiS mr, ReS ol, ReS or, ReS m, ReS ul, ReS ur
Strauß: LiS u

Grafiken: Sylvia Bespaluk

Bibliografische Information Der Deutschen Bibliothek
Die Deutsche Bibliothek verzeichnet diese Publikation in der Deutschen Nationalbibliografie; detaillierte bibliografische Daten sind im Internet über http://dnb.ddb.de abrufbar.

BLV Buchverlag GmbH & Co. KG
80797 München

Überarbeitete Auflage (Neuausgabe) des Titels »Garten fix!«

Umschlaggestaltung:
Anja Masuch, Fürstenfeldbruck

Umschlagfotos:
Vorderseite: Romeis (oben), Redeleit (unten li. u. re.)
Rückseite: Stork (li.), Borstell (re.)

Lektorat: Dr. Thomas Hagen
Herstellung: Hannelore Diehl

Layout und DTP:
Angelika Tröger

Gedruckt auf chlorfrei gebleichtem Papier

ISBN 978-3-8354-0214-0

Eine kleine Auswahl aus unserem grossen Programm

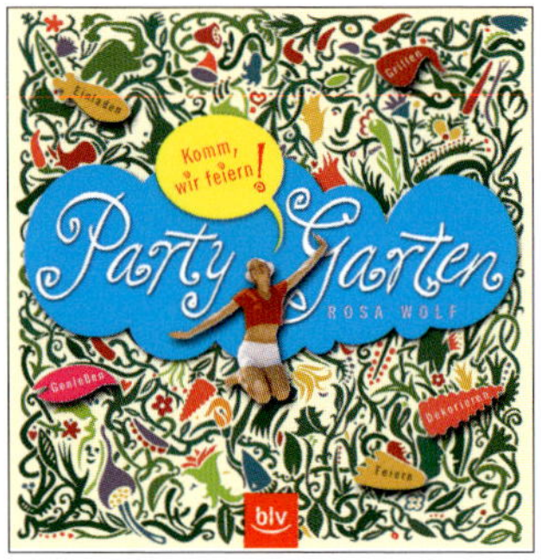

Rosa Wolf
Party-Garten
Alles, was wichtig ist, damit die Gartenparty gelingt: Planung, Vorbereitung, Bodenbelag, Wind- und Sonnenschutz, Wärmespender, Beleuchtung usw.; Themen für Feste von Frühjahr bis Herbst mit Dekoideen und Rezepten.
ISBN 978-3-8354-0145-7

Rosa Wolf
Kinder im Garten
Aus der Gartentraum-Werkstatt: Baumhaus, Weidentunnel, Kletterbaum usw.; Kinderspaß Gärtnern: pflanzen, pflegen und ernten; rund ums Jahr: spielen, basteln, feiern und toben; Natur und Tiere beobachten, Nisthilfen, Futterstationen.
ISBN 978-3-8354-0055-9

Rosa Wolf/Fotos: Ursel Borstell
Gartenpflanzen Praxis-Handbuch
Über 450 Gartenpflanzen in detaillierten Porträts mit Partnerpflanzen, Verwendungs- und Pflegetipps; Gestaltungen für alle typischen Bereiche des Hausgartens mit Pflanzplänen und Pflegekalender.
ISBN 978-3-8354-0167-9

Dorothée Waechter
Schöne Gärten für Ungeduldige
Viel Garten ohne zu warten – der schnelle Weg zum grünen Paradies: clevere Lösungen für alle Gartenbereiche sowie für Terrasse und Balkon; Tipps und Tricks für pfiffige Gestaltungen, effektvolle Pflanzen im Porträt, Pflegepraxis.
ISBN 978-3-8354-0214-0

Brunhilde Bross-Burkhardt
Der kleine Küchengarten
Obst, Gemüse, Kräuter selbst anbauen und frisch genießen: Anlage eines kleinen Küchengartens, Gestaltungsvorschläge, Anbau-Praxis, Porträts der wichtigsten und lohnendsten Nutzpflanzen-Arten, Arbeitskalender.
ISBN 978-3-8354-0097-9

Marie-Luise Kreuter
Der Biogarten
In Neuausgabe: das unentbehrliche Standardwerk zum naturgemäßen Gärtnern; einzigartiges Know-how von Deutschlands bekanntester Biogärtnerin; komplett aktualisiert: das im Handel erhältliche Pflanzensortiment; mit Beilage »Pflanzenschutz-Kompass«.
ISBN 978-3-8354-0198-3

Andrea Christmann
Kleine Gärten gestalten
Die Gestaltung kleiner Gärten und optische Tricks für mehr Größenwirkung; konkrete Pläne für Vorgärten, Reihenhaus- und Reiheneckhaus-Gärten; Neuanlage und Umgestaltung in der Praxis.
ISBN 978-3-8354-0094-8

Ute Bauer
Mein Garten am Abend
Die Abendstimmung im Garten genießen: Sitzplätze, Nachtblüher, Nachtdufter, Wärmespender, Sicht- und Windschutz, stimmungsvolle Lichteffekte, schöne und nützliche Accessoires.
ISBN 978-3-8354-0147-1

Die zuverlässigen Berater

BLV Bücher bieten mehr:

- mehr Wissen
- mehr Erfahrung
- mehr Innovation
- mehr Praxisnutzen
- mehr Qualität

Denn 60 Jahre Ratgeberkompetenz sind nicht zu schlagen!

Unser Buchprogramm umfasst über 750 Titel zu den Themen

Garten · Natur · Heimtiere · Jagd · Angeln · Sport · Golf · Reiten · Alpinismus · Fitness · Gesundheit · Kochen.

Ausführliche Informationen erhalten Sie unter **www.blv.de**

Dass Sie sich gut beraten fühlen – das ist unser Ziel. Falls Sie Fragen und/oder Anregungen haben, schreiben Sie uns bitte:

BLV Buchverlag GmbH & Co. KG
Lektorat · Lothstraße 19
80797 München
Postfach 40 02 20
80702 München
Telefon 089/12 02 12-0 · Fax -121
E-mail: blv.verlag@blv.de

blv

Mehr Erlesen!

Schnelle Pflanzen – wie sie beim Gärtner heißen

Deutscher Name	Botanischer Name	Abbildung Seite
Akelei	*Aquilegia vulgaris*	55
Apfel	*Malus domestica*	89
Astilbe, Teppich-Prachtspiere	*Astilbe chinensis* var. *pumila*	63
Astilbe, Garten-Prachtspiere	*Astilbe × arendsii*	81
Aubergine	*Solanum melongena*	88
Bachbunge	*Veronica beccabunga*	85
Bambus	*Fargesia nitida* Syn.: *Sinarundinaria nitida*	21
Beetrose	Sorte 'Mariandel'	57
Beetrose	Sorte 'Friesia'	58
Beinwell	*Symphytum grandiflorum*	63
Berberitze	*Berberis thunbergii*	21
Bergenie	*Bergenia*-Hybride	81
Berg-Waldrebe	*Clematis montana*	76
Blaues Gänseblümchen	*Brachyscome iberidifolia*	110
Blausternchen	*Scilla siberica*	48
Blumensedum	*Sedum telephium* Sorte 'Herbstfreude'	55
Blut-Storchschnabel	*Geranium sanguineum*	55
Bodendeckerrose	Sorte 'Ballerina'	58
Buchsbaum	*Buxus sempervirens*	76
Bunte Margerite	*Tanacetum coccineum*	55
Buntnessel	*Solenostemon scutellarioides* Syn.: *Coleus*-Blumei-Hybriden	81
Buntschopfsalbei	*Salvia viridis*	45
Buschmalve	*Lavatera olbia*	55
Chinaschilf	*Miscanthus sinensis*	69
Dahlie	*Dahlia*-Hybride	38
Dahlie, kaktusblütige	*Dahlia*-Hybride	50
Duftnessel	*Agastache foeniculum*	55
Duftsteinrich	*Lobularia maritima*	41
Duftwicke	*Lathyrus odoratus*	18
Efeu	*Hedera helix*	62
Eschen-Ahorn	*Acer negundo* 'Flamingo'	21
Fächerblume	*Scaevola saligna*	73
Färberkamille	*Anthemis tinctoria*	55
Feuerbohne	*Phaseolus coccineus*	24
Fingerhut	*Digitalis purpurea*	59
Fleißiges Lieschen	*Impatiens walleriana*	41
Frauenmantel	*Alchemilla mollis*	55
Froschlöffel	*Alisma plantago-aquatica*	85

Deutscher Name	Botanischer Name	Abbildung Seite
Fuchsie	*Fuchsia*-Hybride	70
Funkie	*Hosta sieboldiana*	81
Gauklerblume	*Mimulus*-Hybride	85
Gedenkemein	*Omphalodes verna*	62
Geranie	*Pelargonium*-Hybride	106
Goldhopfen	*Humulus lupulus* 'Aureus'	25
Goldrute	*Solidago*-Hybride	55
Goldwaldrebe	*Clematis orientalis*, Sorte 'Bill Mackenzie'	80
Granatapfel	*Punica granatum*	70
Greiskraut	*Senecio bicolor*	40
Hechtkraut	*Pontederia cordata*	85
Herbstaster, Raublattaster	*Aster novae-angliae*, Sorte 'Andenken an Alma Pötschke'	134
Herbstzeitlose	*Colchicum speciosum* var. *bornmuelleri*	51
Hochstammrose	Sorte 'Excelsa'	79
Hopfen	*Humulus lupulus*	24
Hornveilchen	*Viola cornuta*	106, 110
Hyazinthe	*Hyacinthus orientalis*	48
Immergrün	*Vinca major*	63
Indisches Blumenrohr	*Canna indica*	51
Islandmohn	*Papaver nudicaule*	134
Johannisbeere, Rote	*Ribes rubrum*	89
Jungfer im Grünen	*Nigella damascena*	45
Jungfer im Grünen, Schwarzkümmel	*Nigella hispanica*-Sorte 'Curiosity'	41
Kapuzinerkresse	*Tropaeolum majus*	24
Kapuzinerkresse, niedrige	*Tropaeolum*-Hybride, Sorte 'Tip Top Gold'	41
Katzenminze	*Nepeta × faassenii*, Sorte 'Six Hills Giant'	55
Kirschlorbeer	*Prunus laurocerasus*	21
Kletterrose	Sorte 'New Dawn'	56
Kletterrose	Sorte 'Symphathie'	58
Kornblume	*Centaurea cyanus*	37
Kosmee, Schmuckkörbchen	*Cosmos bipinnatus*	17, 38, 45
Krokus	*Crocus chrysanthus*	48
Lampenputzergras	*Pennisetum alopecuroides*	81
Lebensbaum	*Thuja occidentalis*	21
Lerchensporn, Gelber	*Pseudofumaria lutea* Syn.: *Corydalis lutea*	107